Donde el silencio

Luisgé Martín

Donde el silencio

EDITORIAL ANAGRAMA
BARCELONA

Ilustración: © Ruben Gda/Getty Images, fotomontaje de Diane Parr

Primera edición: *junio 2023*

Diseño de la colección: Julio Vivas y Estudio A

© Luisgé Martín, 2013, 2023
  Representado por la Agencia Literaria Dos Passos

© EDITORIAL ANAGRAMA, S. A., 2023
  Pau Claris, 172
  08037 Barcelona

ISBN: 978-84-339-1823-9
Depósito legal: B. 249-2023

Printed in Spain

Liberdúplex, S. L. U., ctra. BV 2249, km 7,4 - Polígono Torrentfondo
08791 Sant Llorenç d'Hortons

Para Irene, para Melquiades, para Ramón, detrás
Para Marta, para Irene, para Eva, para Erica, delante

Donde abunda sabiduría, abundan penas, y quien acumula ciencia, acumula dolor.

Eclesiastés 1,18

En 2008, durante un viaje que hice por Perú, visité la ciudad de Iquitos para conocer la selva del Amazonas. Iquitos es la ciudad más grande del mundo sin acceso terrestre, lo que le confiere una singularidad extraña. Solo se puede llegar allí por barco o por avión. La primera noticia de su existencia la tuve, hace muchos años, leyendo las novelas de Mario Vargas Llosa, y sus trazas salvajes y casi irreales se me quedaron grabadas en la imaginación con la intensidad que únicamente poseen los lugares ficticios.

Me alojé en un hotel cómodo y moderno que había en la Plaza de Armas, cerca de la Casa del Fierro construida por Gustave Eiffel durante el esplendor de la época del caucho. El primero de los días que pasé en la ciudad alquilé una de las barcazas que transportan a través del río las bananas recogidas en las plantaciones –grandes racimos verdes y amarillos– para navegar por un barrio de casas flotantes que hay en la ribera. Son construcciones de madera miserables, sin agua corriente y seguramente sin electricidad, a las que solo puede llegarse navegando. Sus grandes tejados están fabricados con ramas secas. Al pasar frente a alguna de las casas más bajas se puede ver fugazmente el interior: una única habitación en penumbra en la que se guardan, desordenadamente, muebles destartalados y objetos viejos. Elevadas sobre estacas para salvar las crecidas, como palafitos, tienen en sus puertas tablones o balsas amarradas que les sirven de muelles. Sus habitantes se arrodillan en ellos a hacer algunas tareas de higiene personal o a lavar la ropa. En ellos aguardan también a las barcas que les recogen para llevarles, en tierra, a la escuela, a sus trabajos o a los mercados.

En la corta travesía que hice por aquel barrio volví a sentir, con la misma vergüenza que otras veces, la fascinación que produce en ocasiones el paisaje de la miseria, ese paisaje en el que la anormalidad, el colorido y la exuberancia deslumbran todos los sentidos. Como en las favelas de Río de Janeiro o en las calles de Benarés, aquel espectáculo de pobreza me inspiró indignamente pensamientos literarios. Navegué en silencio junto al indígena que conducía la barcaza e hice fotografías que aún conservo. En una de ellas se ve a una niña de pocos años, vestida con un uniforme colegial impecable y acicalado, esperando a que la recojan mientras su madre la peina. En otra se ve un bote con remeros lleno de basura. Y en otra, por fin, se ven unas sábanas blancas tendidas de una cuerda sobre el agua.

Esa noche cené lagarto a la brasa en un restaurante pintoresco en el que servían cerveza muy fría y caminé luego durante un rato por un paseo bullicioso que había al lado del río, observando cómo los charapas reían, se besaban amorosamente, compraban golosinas o bebidas en los puestos callejeros y bailaban al ritmo de la música de orquestinas.

A la mañana siguiente tuve que levantarme antes de que amaneciera porque el barco que iba a llevarme a la selva, a un *resort* que había río arriba y en el que iba a alojarme durante varios días para explorar —acomodadamente, a pesar de los insectos— aquella parte del Amazonas, zarpaba muy temprano.

Salimos del puerto cuando el cielo estaba todavía oscuro. Adormilado aún y con ese mal cuerpo que se tiene después de desayunar poco y a deshora, me senté en la cubierta para contemplar cómo despuntaba despacio la luz e iba convirtiendo aquellos volúmenes de sombras negras en una vegetación tupida de mil tonos verdes. No recuerdo qué cavilaciones andaba rumiando, pero ese estado en el que el alma se encuentra en un lugar a miles de kilómetros de la propia casa, desarraigada de sus costumbres y de sus visiones, y con el cuerpo además maltratado por los desórdenes horarios y alimenticios, es siempre propicio para reflexiones excesivas y algo metafísicas. Entonces, a medio camino del trayecto, cuando la luz era ya clara pero tenía todavía ese aspecto polvoriento y débil que tiene el aire al apagarse o al encenderse algo, apareció en la orilla, entre las raíces gigantescas de los árboles, un grupo de niños medio desnudos que se aseaban. Tenían alrededor de diez años y estaban chapoteando en el agua. Cuando vieron el barco, que a pesar de la anchura del río iba casi costeándolo, detuvieron sus juegos y comenzaron a agitar las manos saludando. De entre todos ellos, recuerdo a la perfección el rostro redondo de una niña de ojos muy grandes, aindiados, que se quedó mirándonos con un gesto de júbilo. Tenía la boca alargada y sonreía dejando ver una dentadura de aspecto sano. No era guapa, a pesar de que los niños, a esas edades, siempre esconden un aire angélico que se confunde con la belleza. Su expresión, sin embargo, tenía una pureza enérgica. Era como un arquetipo o una pintura simbólica. Su rostro –y también quizás el de los otros niños, que saltaban a su alrededor– no mostraba hilaridad, diversión o alboroto infantil, sino la verdadera alegría, ese sentimiento de curso raro que, cuando se da, nos protege de los males del mundo o nos aparta de ellos.

Aquella estampa me desperezó completamente. Me levanté de mi asiento y, de forma absurda, fui caminando por la borda en sentido inverso a la marcha del barco para mantenerme cerca de los niños el mayor tiempo posible. No dejaron de agitar las manos hasta que los perdí de vista. Entonces, apoyado en el barandal, mirando aún el punto remoto de la orilla donde se había quedado el rastro, me puse a pensar místicamente en el fundamento de la alegría. ¿Cómo era posible que una niña de una tribu indígena, que vivía en mitad de la naturaleza, apartada de las comodidades más elementales y de la mayoría de los bienes de la civilización, pudiera sentir alegría? Esa niña –hice rápidamente un inventario– no podía cepillarse los dientes ni sentarse en un retrete confortable a defecar cuando tuviera necesidad. No podía leer una novela de Vargas Llosa en la que se hablara de ciudades exóticas y lejanas con las que soñar. No podía ir a restaurantes a paladear platos insólitos; tal vez ni siquiera podía comer tres veces al día con suficiente abundancia. No había viajado más allá de su propio terruño (seguramente habría llegado en alguna ocasión hasta Iquitos y hasta la otra ribera del Amazonas para alguna excursión industriosa) y no concebía la idea de montarse en un avión y cruzar el mundo a través del aire. No tenía ropa, no iba a la moda; ignoraba incluso la existencia de una moda. No conocía los ordenadores ni había oído hablar de la revolución cultural que habían supuesto mediante un sistema que permite llegar a través de una pantalla a los cuatro confines de la Tierra. Seguramente había aprendido a leer y a escribir, pero no cursaría nunca estudios universitarios ni podría tener entre sus designios alcanzar el diploma de una Ingeniería o de una licenciatura en Arte. No tenía un reproductor musical con el que tumbarse entre los árboles a escuchar canciones de Los Beatles o arias de Verdi (si es que llegaba a saber quiénes eran Los Beatles y Verdi). No disfrutaría siquiera de las bondades del amor, o las disfrutaría torcidamente: tendría que casarse con alguno de los mozos de la tribu o de alguna tribu vecina y

14

soportar durante toda su vida ese pacto matrimonial ignominioso o, en el mejor de los casos, anodino. Aquella niña, en fin, nunca llegaría a conocer Nueva York, a hacer el amor en un hotel con bañera de hidromasaje, a recorrer las salas del Museo del Prado o a escuchar una ópera en un teatro. Y a pesar de ello, era capaz de mostrar la expresión de alegría más genuina que yo recordaba haber visto en mucho tiempo. ¿Era aquello la felicidad? ¿Ese estado de gracia candoroso que tiene el buen salvaje y que le lleva con facilidad al asombro y a la exaltación?

No era la primera vez que me hacía esas preguntas, que son, como cualquier hombre instruido sabe, las preguntas que traban toda la historia de la filosofía. Aquel día, sin embargo, a causa del escenario selvático, del desarraigo del viaje y de la profunda impresión que me había producido el rostro dulce de la niña, me entretuve en ellas más enredadamente. Pensé en lo paradójica que es siempre la felicidad. En lo escurridiza que es la idea que nos hacemos de nosotros mismos y de los dones que poseemos. En lo simple que resulta a veces entender las causas de la alegría de los demás y en la incapacidad que tenemos para imitarles. De repente me pregunté si deseaba estar allí, en ese barco que atravesaba el Amazonas. Si aquel viaje que había estado planeando durante semanas junto a mi marido y del que por fin disfrutaba en su compañía, frente a un paisaje sobrecogedor, me hacía dichoso. ¿Sería yo capaz de sonreír como esa niña medio salvaje en alguna de las fotos que nos haríamos aquellos días a lo largo de la ruta, en el puente colgante de la selva, en lo alto del Machu Picchu, ante la catedral de Cuzco o en cualquiera de los otros lugares de Perú que tanto había deseado conocer?

Desde entonces me he acordado muchas veces de la niña del Amazonas. Por supuesto, nunca llegué a conocerla (me llevaron a visitar otra tribu, la de los Yaguas, más adiestrados para el espectáculo turístico) ni supe por lo tanto si aquello que a mí me había parecido un indicio de la verdadera felicidad lo era realmente. Pero a pesar de eso, la niña se convirtió para mí en una especie de enigma alegórico o de símbolo que encarnaba los sentimientos que yo, sin ser capaz de hacerlo, deseaba experimentar. En el verano de 2012, en el otro extremo del mundo, en Tokio, la recordé de nuevo con brutalidad. Era mi primer día en la ciudad, que no había visitado nunca antes, y al entrar en un vagón de metro vi frente a mí, sentados en uno de los bancos corridos que iban de puerta a puerta, a siete hombres que en silencio manipulaban su teléfono móvil. En el banco de enfrente había otros tantos que, con una sola excepción, hacían lo mismo. Uno de ellos, en un extremo, se había quedado dormido, y el teléfono móvil, sostenido aún por una mano floja sobre el muslo, estaba a la vista de los pasajeros y mostraba, en su pantalla minúscula, un programa de televisión.

Era la hora de la salida del trabajo y los viajeros, con aspecto de oficinistas, regresaban a casa o iban a otras tareas. Tenían un gesto inanimado, exánime, con la vista fija en el cristal de sus pantallas. Algunos tecleaban con la punta de los dedos, otros escuchaban música con los ojos medio cerrados. Parecían —o así lo creí yo, inducido por la imaginería que caracteriza al país desde hace décadas— androides sin alma, máquinas ejecutando una representación mecánica e inconsciente. Pero incluso esa figuración alienígena era incoherente, pues en una gama de robots bien diseñados habría habido alguno que sonriera o que expresara gestualmente emociones más placenteras.

La ecuación sentimental era tan simple que me avergoncé de concebirla. Siempre he estado convencido, en contra de la opinión de Rousseau y de sus discípulos, de que la virtud no se encuentra en la barbarie de la naturaleza, sino en el artificio de la civilización, y por tanto me costaba aceptar esa contradicción transparente. Pero tal vez no sea de virtud de lo que estamos hablando, sino de algo aún más elemental: la ventura. Lo cual no deshace el nudo de la antagonía, sino que lo aprieta aún más, porque demuestra que perseguimos con tesón aquello que nos hace infelices, lo que nos vuelve frágiles y desamparados.

Japón es el país del progreso, de la tecnología, del bienestar económico, pero tiene un millón de individuos —casi todos adolescentes y jóvenes poco mayores que la niña del Amazonas— que no salen nunca de su habitación. Son los *hikikomori*. Se pasan el día delante de la pantalla del ordenador participando en videojuegos, navegando por internet, chateando con personas a las que nunca han visto y haciendo compras absurdas. Sus familias les dejan la comida en la puerta de la habitación y ellos comen, obligados por la naturaleza, sin separarse del ordenador. Apenas conservan la higiene, y su ritmo horario no está marcado por los ciclos del sol, sino por mecanismos de otra índole o por el mero agotamiento. Muchos de esos *hikikomoris* celebran cada año suicidios rituales en grupo. Es decir, llegan a acuerdos entre sí para quitarse la vida al mismo tiempo, cada uno en su habitación, en ese lugar del que no ha salido durante meses o durante años.

A veces tiendo a creer que todos somos *hikikomoris* atrapados. Que la tecnología, la búsqueda de un patrimonio, el deber de labrar futuros prediseñados y el hechizo que crean algunas ruedas de molino de la vida contemporánea nos aprisionan en cárceles que, con barrotes de cristal, no vemos. Tal vez la soledad, la incomunicación y el fracaso social solo sean, como decían hace años los marxistas ortodoxos, enfermedades burguesas de las que ya no podemos curarnos. Porque el camino está trazado en una sola dirección: una niña de una tribu peruana podría acabar encerrada en una habitación mal ventilada frente a la pantalla de un ordenador, pero un *hikikomori* nunca podría vivir en la ribera del río Amazonas y bajar cada mañana a lavarse chapoteando en el agua.

A mí, como a todos los seres humanos, me perturban solamente aquellas cosas que desenmascaran lo que no se ve. Lo incomprensible suele tener una explicación racional que nos resistimos a admitir. Por eso pasamos una buena parte de la vida forjando grandes sistemas de pensamiento que sirven únicamente para ocultar nuestros errores o los errores de aquellos a los que imitamos sin darnos cuenta. Creemos ser felices por vivir en una casa grande en el centro de la ciudad, y más felices aún por tener otra con jardín y piscina en las afueras, cerca del campo. Creemos que hay una satisfacción irrefutable –nos avergonzaríamos de no poder hacerlo– en vestir a la moda, en cambiar de coche cada cierto número de años o en tener unas vacaciones decorosas. Sentimos una especie de delicia al comprar un perfume que nos gusta, un libro que tenemos ganas de leer, un reloj de pared con el que decorar la habitación en la que trabajamos o un teléfono móvil nuevo que es capaz de anunciarnos el clima de los próximos días, de avisarnos del tiempo que tardará el autobús en pasar por una parada o de localizar vía satélite los restaurantes cercanos al lugar en el que nos encontramos. Nos divierte ver programas de televisión en pantallas gigantescas o almacenar cien mil canciones en un microaparato sonoro. Todo ello, sin embargo, no deja el rastro de placidez que esperábamos. El bienestar que provoca, como el de las drogas alucinógenas, es efímero y casi siempre ilusorio. No sabemos determinar con precisión cuál es la carencia o el precio excesivo que nos apesadumbran al final, pero el hecho es que después de obtener todo lo que deseamos seguimos siendo personas insatisfechas y amargadas. Aún más: en ocasiones tenemos la sensación de que esa tribulación está causada justamente por haber logrado lo que pretendíamos.

Se ha escrito tanta literatura de casquería sentimental acerca de todos estos asuntos que resulta difícil navegar por ellos sin caer en la sensiblería y en el espiritualismo de hermandad religiosa. Ya en el siglo XVI escribió Antonio de Guevara –un humanista español que tuvo tiempos de gloria– un tratado titulado *Menosprecio de corte y alabanza de aldea*, en el que hacía un encarecido elogio de la vida tranquila, del apartamiento de los bienes mundanos y del bullicio de la sociedad. Resulta ejemplar, sin embargo, que el mismo Antonio de Guevara tuviese un apego casi enfermizo por la fama e hiciera apología del retiro para lograr precisamente notoriedad y predicamento y ser invitado a los salones de los palacios de la época. Esa discordancia es perdurable incluso entre quienes no tienen alma de hipócrita: el adinerado predica los males del dinero para ganar más aún, el soberbio hace un canto de la humildad para que se le enaltezca y el hermoso, en algún acto de conquista sexual, reivindica los dones intelectuales frente a los de la belleza.

Yo he sabido ya durante demasiado tiempo que mi vida es muy corta, que a estas alturas he gastado una gran parte de su mejor parte –incluso si la salud me guarda muchos años– y que las tareas a las que me gustaría dedicarla no se compadecen demasiado con lo terrenal. Y sin embargo no me comporto como debería para ser consecuente con ese razonamiento. Igual que esos personajes de *El ángel exterminador* que no pueden salir de la habitación en la que están, aunque no haya puertas infranqueables ni cerrojos, yo continúo afanándome en hábitos ponzoñosos y malsanos.

Algunas tardes, cuando me entra la melancolía o –con otro genio– la cólera, pienso en las selvas del Amazonas que he tenido al alcance a lo largo de mi vida y en lo dichoso que podría haber sido en ellas si hubiese tomado la decisión de quedarme. Es sin duda una reflexión mendaz, una de esas ideas engañosas que la imaginación inventa para dar consuelo.

Pero a pesar de que lo sé, sigo haciendo planes de vida desatinados en los que aparecen lugares bucólicos, casas apartadas, campos de sembrados que se mueven al compás del viento y noches silenciosas.

En la novela *Todo esto para qué*, de Lionel Shriver, el personaje protagonista, estadounidense, comprueba durante un viaje, en su juventud, que el valor del dinero es muy distinto en una y otra parte del mundo: con un dólar se pueden hacer pocas cosas en Nueva York, pero con ese mismo dólar es posible comprar en una región perdida del Tercer Mundo una bicicleta o alimentos para varios días. Desde ese mismo instante concibe la idea de ahorrar dinero para poder, en el futuro, retirarse a vivir en uno de esos paraísos perdidos, gastando su tiempo únicamente en hacer las cosas placenteras que desea: realizar tareas manuales, pescar, contemplar la naturaleza, dormir sin límite o aprender a leer novelas. Al cabo, cuando está a punto de cumplir su sueño, un hecho terrible se lo impide. Pero su convicción sigue firme. Algunos de sus amigos más cercanos o incluso su mujer, con la que debería haberse marchado, no alcanzan a comprender cómo podía haber llegado a tomar en consideración ese proyecto de vida atolondrado. El protagonista de la novela, sin embargo, nunca olvida las razones: «¿De qué me gustaría huir?», se pregunta cuando otros le preguntan. «De la complejidad. De la angustia. De esa sensación que he tenido toda la vida de que en cualquier momento hay algo que olvido, un detalle, una obligación, algo que se supone que tendría que estar haciendo o que ya debería haber hecho. Es una sensación que no me deja en paz, me levanto con ella por la mañana y no se me va en todo el día. Me voy a dormir con esa sensación. Cuando era niño tenía la costumbre de volver del colegio los viernes por la tarde y de ponerme inmediatamente a hacer los deberes. Así el sábado por la mañana me levantaba con una sensación maravillosa, una sensación limpia y abierta de alivio, de calma, de posibilidades. Ya no tenía que hacer nada. Esos sábados por la mañana tenían el sabor de la auténtica libertad, algo que de adulto nunca he experimentado. En Elmsford nunca me levanto con la sensación de haber hecho los deberes.»

Elmsford es la ciudad en la que vive, en los alrededores de Nueva York. Yo, que he pasado toda mi vida en Madrid, donde nací, tengo a menudo la misma sensación que él. Desde hace años las cosas me parecen demasiado enmarañadas e ininteligibles. Llevo una vida envidiable en muchos aspectos, pero la mayoría de las cosas que hago me abruman. Nunca me viene esa dulce sensación de calma, de abandono, de libertad absoluta. Solamente a veces, en el transcurso de los viajes en los que me embarco para conocer el mundo, al final de la jornada, cuando regreso al hotel con tiempo suficiente, agotado del día laborioso y sin ningún deber (pues en los viajes se suspenden las rutinas y se aplazan las obligaciones que no formen parte del propio peregrinaje), me tumbo en la cama a leer sin sobresalto ni prisa, sin angustia, como ese niño que ha hecho todas las tareas escolares y tiene frente a sí la interminable duración de un fin de semana. Leo concentradamente, dejando que el cuerpo se adormezca cuando le vaya llegando la hora del sueño. No pienso en los correos electrónicos que han quedado sin contestar ni en asuntos laborales espinosos o inacabados. No pienso en los amigos a los que prometí llamar hace tiempo para quedar con ellos y no he llamado. No pienso en la novela que empecé a escribir y no progresa. No pienso en el cargo bancario que debo reclamar, ni en la cita con el odontólogo que tengo pendiente, ni en la reparación de la grifería del baño que hay que acometer antes de que las filtraciones causen un desperfecto. No pienso en nada, salvo en las palabras de la novela que leo o, si acaso, en el plan de viaje del día siguiente. Todo lo demás queda postergado, olvidado, empequeñecido. Forma parte de otro lugar, de un territorio que en ese instante es lejano. Lo que siento en esos momentos, mientras me maravillo con las aventuras literarias de un héroe inventado por alguien o me aletargo entre las sábanas, no es un estado de felicidad –la felicidad, si es que existe, tiene otra naturaleza y exigencias más sublimes–, pero sí un sosiego bienaventurado que me permite concebirla.

Nunca pensé en construirme una cabaña en una isla del Pacífico, en la costa de Croacia o en un rincón salvaje de África para apartarme del tráfago de la vida, como el protagonista de la novela de Lionel Shriver. Pero desde hace algunos años no he dejado de imaginar paraísos más cercanos en los que refugiarme transitoriamente. Lugares perdidos a los que huir cuando todo se vuelve demasiado atronador. Siempre he creído, como Sartre –o como la simplificación popular que se hace de Sartre, más exactamente–, que el infierno son los otros, que en lo extraño, en lo ajeno, se encuentra el ruido resonante y perturbador de nuestra propia vida. Acallar ese ruido, volver al silencio. Dejar de mirar cada día la hoguera de vanidades y de cortar la leña que la mantiene viva.

En el mundo que tengo alrededor no he vuelto a ver a la niña del Amazonas. No sé si existe o si es, como todas las imágenes de la felicidad, un desvarío. En España no quedan ya selvas vírgenes ni tribus abandonadas. El paisaje se va apagando y en muchos lugares solo se escucha el silencio, pero no es fácil descubrir si esa quietud es la de la alegría.

Mi madre nació en un pueblo pequeño de la provincia de Ávila y mi abuela paterna en otro pueblo no más grande de la de Segovia. San Miguel de Serrezuela, cerca de la frontera con Salamanca, y Pinarnegrillo. De ellos tengo recuerdos vagos de la infancia. Imágenes descoloridas. La memoria, a esa edad en la que uno está descubriendo el mundo, está hecha de arenas movedizas, y muchas veces creemos recordar aquellos hechos que sin embargo solo conocemos porque alguien —nuestros padres, nuestros mayores— nos los contó más tarde.

En San Miguel de Serrezuela pasé algún verano cuando tenía cinco o seis años. Eran los tiempos en los que las familias corrientes gastaban sus vacaciones en las casas del pueblo porque no había dinero —ni ínfulas— para más. No eran palacios ni casas solariegas, sino viviendas oscuras y mal acondicionadas a las que no llegaba ni siquiera el agua corriente. Seguramente se parecían, en su miseria, a las casas en las que viven aún los niños del Amazonas. Había una gran tinaja para el baño que se llenaba, cuando era necesario, trayendo cántaros de agua de la fuente. En aquellos años la higiene corporal no era en España un hábito ejemplar, pero en el verano, que era cuando yo vivía en el pueblo, íbamos algunos días al río para asearnos y, de paso, entretener el tiempo. En el invierno, con el río helado, seguramente calentaban pucheros de agua hirviente y la mezclaban en la tinaja con la fría para poder lavar el cuerpo al menos una vez al mes.

Vivíamos en una casa alquilada o prestada de la que no recuerdo nada, ninguna habitación, ningún mueble, pero sin embargo recuerdo con una precisión casi de bodegonista la tinaja de latón grande y el lavamanos que había en la casa de mi bisabuela Petra, a la que visitábamos ceremonialmente. A ella tampoco la recuerdo, ni sé a quién vi alguna vez bañarse en ese pilón enorme de cobre, que se colocaba en medio de la cocina o en el patio, sin intimidad. Tal vez la memoria ha fijado esos objetos extravagantes, anacrónicos, por la extrañeza que le producían ya entonces a un niño que vivía en un piso pequeño y humilde en el que había una bañera con grifería y un lavabo de loza en el que se podía dejar correr el agua. Es posible que aquella gran tina y ese lavamanos descascarillado en el que mi abuelo Ramón se afeitaba cada mañana, mirándose a un espejo colgado de un clavo, no me parecieran desharrapados e inclementes, sino prodigiosos. En la infancia siempre resulta cautivador lo estrafalario.

Muchas tardes los niños nos íbamos a jugar a la charca. La charca estaba a las afueras del pueblo, a pocos metros de las últimas casas, y tenía, durante el verano, el agua justa para chapotear con los pies o para lanzar piedras que salpicaran. Había también pequeños sapos a los que tratábamos de cazar y de reventar luego. No sé quiénes eran mis compañeros de correrías, porque yo era el único niño de la familia, pero con ellos participé en los peores actos de crueldad infantil que he vivido. Destripábamos alguno de esos sapos, cazábamos grillos o saltamontes para quemarlos y perseguíamos a los perros callejeros que había en el pueblo con el único propósito de verlos correr asustados. Eran las diversiones de los pueblos, los ritos ancestrales en los que podía enfrascarse una pandilla de párvulos asilvestrados.

Resulta curioso que los recuerdos más nítidos que guardo de aquel paisaje de secarral castellano tengan relación con el agua: el acopio en la fuente de la plaza, la tinaja del baño, el río con sus guijarros pulidos que rebotaban en la superficie al ser lanzados, la charca con sus sapos de piel verrugosa. De Pinarnegrillo, en cambio, tengo recuerdos más naturalistas y coloreados: los prados, los campos de trigo, el pinar, las huertas y el ganado.

Allí nunca pasé los veranos, sino fines de semana ocasionales o fiestas de Pascua, y seguí yendo durante más tiempo, hasta que cumplí una edad –los nueve o los diez años– en la que los recuerdos son ya imperiosos y fotográficos. Vivíamos en la casa de la única hermana de mi abuela que no había abandonado el pueblo para marcharse a la ciudad, y a veces, cuando esa casa estaba llena por otras visitas, en la casa de uno de sus hijos, justo enfrente. Creo que muchas de las ocasiones en las que íbamos lo hacíamos sin avisar, pues en aquella época los teléfonos eran en los pueblos un artefacto desusado, y para dar el recado había que llamar a un comercio o a algún vecino próspero y pionero que lo tenía. Esa inadvertencia, sin embargo, no era importante. Ellos, atrapados en una vida pausada y rutinaria en la que había pocas sorpresas, recibían cualquier hecho inesperado con alborozo: visitas, festejos e incluso catástrofes y muertes que no fueran demasiado próximas. Siempre había cama para un arreglo y comida suficiente para llenar el puchero con varias raciones más si era necesario.

La tía Julia –la hermana de mi abuela– y el tío Martín, su marido, eran los patriarcas. De la primera apenas soy capaz de reconstruir los rasgos, pero del tío Martín, a pesar del tiempo transcurrido desde entonces, no he olvidado el gesto: una sonrisa desdentada y noble y una piel tan curtida por el sol que estaba cuarteada por arrugas muy profundas, como los bustos hechos de arcilla en los que se notan los dedos del escultor al trazar las facciones.

El tío Martín me montaba en burro para ir hasta el campo o simplemente para recorrer un tramo de la calle. Aquel era uno de los mejores esparcimientos para un niño de ciudad, una atracción de feria que seguramente yo contaba luego, con orgullo, a mis compañeros de colegio, al regresar a Madrid. Por la mañana me gustaba ayudar a ordeñar las vacas –estirarle las tetillas una o dos veces y ver salir ese hilo delgadísimo de leche que caía en el ordeñadero de latón– y comerme más tarde, para desayunar, los calostros, o lo que en el pueblo, impropiamente, llamaban así: esa nata gruesa e infectada de bacterias que se formaba en la superficie de la leche y que, mezclada con azúcar, tenía un sabor denso y algo empalagoso. Nunca me enfermé por tomar aquellas sustancias insanas, pero ahora, al pensar en ello, siento miedo.

Crecí oyendo hablar de las bondades de los alimentos rurales. «Estos tomates saben a tomate», decía mi padre relamiéndose al comer uno muy rojo que acababa de cortar en la huerta y había espolvoreado de sal. «No como los de Madrid.»

Al volver a casa en esos fines de semana nos llevábamos el coche lleno de pimientos, calabacines, lechugas, berzas, judías verdes y zanahorias. No lo hacíamos por el ahorro o por la escasez, sino por el placer de disfrutar de los sabores verdaderos, que a los mercados de la ciudad, según decían los mayores ya en aquellos principios de los años setenta, llegaban enturbiados por los abonos químicos y los cultivos industriales. Yo no tengo conciencia de haberme deleitado sensualmente al comer alguna de aquellas hortalizas, pero me gustaba ir a la huerta, cuando me dejaban, y arrancar de la rama los tomates o desenterrar las cebollas. Todo aquel universo era mágico: los cerdos que se revolcaban y gruñían, las vacas que cada mañana daban su leche, las verduras que crecían en la tierra.

A Antonio Muñoz Molina, hijo de campesinos jienenses, le oí contar en una ocasión que su padre le aconsejó buscarse un trabajo en el que estuviera a la sombra. Daba igual la tarea, pero a la sombra. Yo me acuerdo del sol de plomo de San Miguel de Serrezuela, en el borde de la charca o en las horas de la siesta que pasábamos con todas las ventanas cerradas para ahuyentar el sofoco, y del rostro sudoriento del tío Martín, que se echaba agua del botijo entre los ojos para aliviar el bochorno a la hora del mediodía, cuando alguien llegaba desde la casa a los campos en los que él trabajaba —a veces yo mismo, acompañado de mis padres— para llevarle en un pequeño hatillo, en una servilleta grande anudada por las cuatro esquinas, el almuerzo reparador.

No es posible, con racionalidad, tener una visión romántica de aquella vida hostil y áspera. Se levantaban antes de que amaneciera para dar de comer a las bestias, pasaban el día deslomándose en la labranza, abrasados por el sol o empapados por la lluvia, partían la leña que les calentaba en la casa, horneaban el pan después de haber hecho la masa, guisaban en una cocina de carbón usando unas tenazas de herrero para mover los fogones, y se acostaban luego agotados después de haber pasado un rato de holganza en la tasca del pueblo, los hombres, o en el poyo de la entrada de la casa, tejiendo y conversando sobre las hablillas de la comarca, las mujeres. El tío Martín, como la mayoría de los hombres, tuvo una vejez descoyuntada, con la espalda rota por el esfuerzo de las zanjas de tantos años. Y sin embargo, a pesar de todo esto, a pesar de las mortificaciones y del desabrimiento que tenía la vida, monótona y sin emociones, a pesar de que no existía allí ninguna pasión que merezca ese nombre, tengo la creencia fundada de que aquellos seres eran más felices que los que hoy, en el siglo XXI, en la España moderna y cosmopolita, tengo a mi alrededor. Más felices que yo, que soy dueño de tantas pasiones fascinantes y gozo de un bienestar sobrado.

Tengo solo una fotografía de Pinarnegrillo, tal vez porque en aquellos años las cámaras (las «máquinas de retratar», como se las llamaba entonces) se usaban únicamente para acontecimiento eminentes, dado el precio de los carretes y de los revelados. En esa foto se me ve subido al burro junto con dos de los nietos de Martín y Julia, que vivían en la casa de enfrente y que, de mi edad, eran los compañeros de juegos con los que pasaba los días que permanecíamos allí. Me llevaban a alimentar a los cerdos, a hacer las compras en la tienda de ultramarinos, a trastear en el sobrado —que estaba lleno de aperos de labranza y de objetos rústicos que me hechizaban— o a correr entre los campos con una libertad rabiosa que no tenía en Madrid.

Recordar la vida de un niño es siempre un ejercicio de falsificación y de impostura. Lo distinto, en aquellos campos, en esas calles sin asfaltar que se llenaban de barro cuando llovía, no era el lugar, sino ese sentimiento resbaladizo y seductor de la infancia. El silencio tal vez no era silencio. El sabor de los tomates espolvoreados con sal probablemente no era tan penetrante. Y la infinita extensión de las tierras cultivadas era insignificante e inarmónica. Aunque a aquel niño, que descubría el mundo, le pareciera un oasis incomparable.

He vuelto a aquellas tierras a buscar el paraíso, aunque sabía que no lo encontraría. A Pinarnegrillo se llega por autovía salvo un último tramo muy corto, de modo que apenas hay trazo rural ni sensación de apartamiento. En aquellos viajes de mi infancia, hechos además con un coche de poco aliento, se iban atravesando territorios, estratos sucesivos en los que las carreteras eran cada vez más intransitables y el paisaje se volvía poco a poco montaraz. Desde la ciudad a la aldea se cruzaban muchas fronteras. Yo pasaba miedo al subir al puerto de Guadarrama, cuya carretera, llena de curvas, con pendientes casi verticales, me hacía siempre pensar en la muerte. Luego se continuaba por caminos estrechos y mal asfaltados. Al fin, cuando se llegaba a Pinarnegrillo, había habido ya una especie de viaje espiritual, un ejercicio de ascetismo geográfico que purificaba. Como si el trayecto fuera un bautismo. Al descender del coche y darse de bruces con las gallinas que picoteaban o con los rebaños de ovejas en la entrada del pueblo, uno parecía reconocer el misterio de la lejanía. Aquel era otro mundo.

Ahora, sin embargo, apenas hay transición. El viaje dura demasiado poco y lo que se ve desde la ventanilla del coche no deja de ser, hasta el último momento, ese paisaje incierto y funcional que, como los aeropuertos, tienen las autovías. Tierra de nadie, espacio sin entraña. Se llega a la aldea sin haber salido realmente de la ciudad.

Mi mirada, que a los ocho años era creativa, ahora es afeadora. Tiene las conexiones de la visión desbaratadas y sombrías. No inventa –o no esas cosas– ni sublima. Los cerdos le parecen cerdos y a los jamelgos no los disfraza ya de rocinantes. La metamorfosis de los campos, por lo tanto, no solo es un asunto de vegetaciones o de arquitecturas, sino también un estado de ánimo. Pero, sea por una causa o por otra, no vi en las calles de Pinarnegrillo a la niña del Amazonas. O, más desoladoramente: apenas vi a nadie.

No es la soledad, sin embargo, lo que perturba o espanta. Philip Roth, uno de los grandes autores de nuestro tiempo, escribió a principios de siglo una novela titulada *Sale el espectro* en la que cuenta cómo Nathan Zuckerman –su *alter ego* más recurrente, pues aparece en muchas de sus historias y su vida es sin duda un trasunto de la de Roth– regresa a Nueva York después de haber estado durante once años viviendo en Massachusetts, en una casa de campo situada en lo alto de una montaña a la que se llegaba por una carretera de tierra y que estaba frente a un terreno pantanoso que era refugio de aves y de fauna silvestre. Allí, en aquel lugar, el hombre que durante tiempo vivió en la capital del mundo, en Nueva York, «había conquistado el estilo de vida solitario; conocía sus exigencias y sus satisfacciones, y con el tiempo había adaptado el espectro de mis necesidades a sus limitaciones, abandonando hacía mucho la excitación, la intimidad, la aventura y los antagonismos en favor del contacto sereno, constante y predecible con la naturaleza, la lectura y mi trabajo». Y un poco más adelante, añade: «El hábito de la soledad, de la soledad sin angustia, había arraigado en mí, y con él los placeres de no tener que responder de nada y de ser libre... paradójicamente, libre sobre todo de uno mismo». Zuckerman –o Roth– había pasado toda su vida arrastrado por el tumulto de pasiones: el mundo literario, los enamoramientos de mujeres jóvenes, la política. Al alejarse de ellas en esa cabaña perdida de Massachusetts, había comprendido la insignificancia de ese modo de vivir, la caducidad de todas esas cosas que en cada momento le parecían esenciales. El reconocimiento social, el triunfo de Bush o la sexualidad vehemente se convierten, en medio de la montaña, en naderías.

Zuckerman también cree que el infierno son los otros. Que las tentaciones que nos ofrecen los demás son las del diablo. Por eso la soledad no le espanta: le reconforta. Pero la soledad tiene un contorno difícil de trazar. En Pinarnegrillo no queda gente, es un lugar lleno de espíritus y de muertos. Ya no hay ganado por las calles ni perros corriendo. No hay gallinas. Los bares y las tiendas fueron clausurándose durante todos estos años. Solo queda una taberna que, a falta de clientes, está cerrada casi todo el tiempo. Las estadísticas oficiales dicen que hay más de cien personas censadas allí, pero la mayoría deben de ser espectros que se esconden. La soledad no puede estar hecha con el utillaje de la decadencia o de la deserción. No al menos la soledad que Zuckerman o yo buscamos.

Muchas de las casas están abandonadas. No son casas levantadas con piedra sillar, sino con ladrillo o cemento enfoscados con mortero. Los tejados se han hundido y las fachadas están despintadas. Dentro, a través de ventanas rotas, puede verse un espantajo de brozas, basuras y avíos llenos de óxido. A veces se reconoce algún objeto que parece retener la vida que hubo: un adorno colgado de la pared, el resto de un visillo amarilleado, un rastrillo caído. Cada una de esas casas fue abandonada de una manera diferente. En algunas, sus dueños tomaron la decisión de hacerlo: recogieron los enseres y los muebles, se fueron –a Madrid o a otra parte– y tiraron la llave a algún pozo profundo. Otras fueron la mortaja del propietario y, después de que alguien lo sacara para enterrarlo, quedaron sin patrón. Y otras más, en fin, fueron siendo desatendidas poco a poco, descuidadamente, sin que hubiera un designio o una voluntad resuelta: sus moradores se marcharon a vivir a la ciudad con los hijos, volvieron allí al principio cada poco tiempo y fueron espaciando luego las visitas por la pereza, por el frío o por la dificultad para moverse, sin que llegaran a confesarse a sí mismos que no regresarían nunca. En esas casas queda el rastro de la vida interrumpida: la despensa tiene aún alimentos, los escombros del tejado se han derrumbado sobre muebles que están cubiertos con paños de ganchillo, e incluso hay alguna fotografía enmarcada de los nietos vestidos de primera comunión o de la boda de los hijos.

Pienso ahora en mi casa y en todas las cosas mías que hay en ella: los libros en las estanterías, los pequeños objetos que fui comprando en viajes o que me regalaron por alguna circunstancia especial, los álbumes de fotos, los cuadros de las paredes, los cuadernos en los que he ido anotando ideas para mis novelas, los relojes antiguos. No soy capaz de imaginar cómo estará todo eso dentro de cincuenta años, cuando yo ya esté muerto y los objetos que me pertenecieron se hayan convertido solamente en despojos. No sé quién vivirá en esa casa —no tengo hijos— ni en qué quincallería o a qué hoguera habrán ido a parar mis cosas. Pero todo lo que yo haya vivido ahí, en esas habitaciones, habrá desaparecido para siempre, y si el techo se desmorona y quedan cascajos sobre el suelo, si entra la lluvia o el sol quemador del verano a través de los boquetes, mi espíritu estará seguramente en algún purgatorio, rondando como esos fantasmas que deben ser redimidos de un culpa antes de poder abandonar la casona o el castillo en el que habitan.

La soledad no puede estar hecha, como en Pinarnegrillo, de fantasmas, de espíritus que necesitan ser librados de ataduras y de rémoras. La soledad debe ser cristalina, luminosa. Si no, es imposible la alegría. Mientras caminamos por las calles del pueblo, nos encontramos en la puerta de una de las casas a una mujer. Nos mira fijamente ya desde lejos, y cuando llegamos a su altura nos pregunta quiénes somos. No hay impertinencia ni desconsideración, sino ese modo natural que tienen los aldeanos de afrontar la murmuración y de conocerlo todo. Aunque hayan vivido en la ciudad durante muchos años, conservan esos modales. La edad de la mujer está entre los sesenta y los setenta. Tiene una mirada macilenta, oscura, pero no es fácil saber si es de tristeza. Enseguida cuenta su vida: dice su nombre y explica que es viuda. Su marido murió hace ya tres años –señala la fecha, como si fuera un dato interesante para el interlocutor– y ella vive en el pueblo desde que empieza el buen tiempo hasta después de las fiestas patronales, que son a principios de octubre. Luego se marcha a Madrid, donde están sus hijos. Desde que murió su marido –repite– no puede quedarse allí ni un solo día del invierno. Como si el frío fuera una amenaza terrible de la que alguien debiera defenderla.

La mujer no se mueve de la puerta. No levanta las manos al hablar ni cambia la expresión. Mientras la escucho, pienso que Pinarnegrillo es una Comala castellana y que aquellos habitantes que he visto fugazmente al final de alguna calle o delante de su casa, como esta viuda, son difuntos. Difuntos dolientes, porque no me encuentro en ninguna parte al tío Martín, sujetando en alto la bota de vino, ni a esos labriegos de mi infancia que alborotaban. Difuntos que simplemente aguardan.

En el invierno ni siquiera estarán esos difuntos. Alguien me cuenta que hay bandas de atracadores que aprovechan los meses helados para desvalijar las casas en los pueblos que, como Pinarnegrillo, se quedan desiertos a partir de los primeros fríos. Igual que ese mísero de los versos de Calderón de la

Barca que iba recogiendo las sobras de los hierbajos que otro mísero hambriento desechaba después de comérselos, existen al parecer hombres tan necesitados que asaltan casas para llevarse aparadores astillados, platos de cerámica, perolas viejas y ajuares con olor a alcanfor. La miseria, como la mayoría de los estados humanos, es de tornasol: se ilumina dependiendo de la luz que le dé.

Beni tiene alrededor de setenta años y nació en Riba de Santiuste, un pueblo que hay cerca de Sigüenza y a pocos kilómetros de la frontera con Soria. Como tantos otros aldeanos que veían en la ciudad el progreso y el bienestar, se fue a Madrid a trabajar en la industria. Pero en una de las crisis económicas que han ido sucediéndose cíclicamente en España desde hace décadas perdió su empleo. Estaba entonces en una edad fronteriza –la cincuentena– y no tenía otro oficio ni otros hábitos mejores que los del trabajo. Cayó en una depresión violenta y pasó años oscuros. Le concedieron una pensión de jubilación temprana, pero lo que Beni necesitaba para calmarse era una tarea. Poco a poco empezó a ir de nuevo al pueblo y a cogerle gusto a la faena agraria. No labraba tierras ni buscaba en los campos una profesión o un salario: cultivaba un huerto, recogía frutas de árboles comunales, cortaba leña o triscaba por los montes. Ahora es un hombre de apariencia feliz, hablador y sonriente. Le gusta contar historias del pueblo y adornarlas con juicios impetuosos que no siempre se atienen a la verdad. Lleva una camisa sucia, de las de trajín, porque ha estado regando el huerto, arrancando las hortalizas maduras y enderezando los destrozos del viento fuerte. En un pequeño cobertizo tiene el almacén y ofrece generosamente tomates, patatas o una variedad rolliza y blanquecina de calabacines que ha recogido con sus propias manos. Sigue viviendo en Madrid, en la casa familiar a la que se mudó cuando escapó del pueblo, pero vuelve todos los fines de semana para ocuparse del huerto y para velar el silencio de los montes.

No le pregunto a Beni por qué se fue de Riba de Santiuste cuando era joven. Tengo la certeza de que él se ha hecho esa reflexión muchas veces, aunque tal vez no haya llegado nunca a comprender las razones. Se marchó buscando el triunfo, la grandeza, la fortuna, y no encontró nada de todo eso, sino una ciénaga en la que era fácil hundirse. Y al cabo de los años, al regresar, descubrió que el lugar del que había huido era el lugar en el que podía ser feliz. Soñaba con vergeles de cemento, con vidas disipadas y con grandes rascacielos hechos de dinero, y sin embargo la médula de su ventura la tenía al lado, en ese color amarillo de los campos de Guadalajara, en el paisaje arisco y en la ventisca.

Beni se ha hecho seguramente muchas veces la misma pregunta que me hacía yo en el Amazonas aquella mañana en la que vi a los niños lavarse en la ribera del río: ¿a qué ídolos adoramos, qué becerros de oro nos embaucan con sus refulgencias? ¿Vendemos el alma a algún diablo disfrazado para poder lograr bienaventuranzas que no existen? ¿Nos dejamos guiar por sirenas que cantan con voces dulces desde costas abruptas?

Sigüenza es obispado, y aun hoy, en el siglo XXI, cuando la disciplina moral es ya mansa en todas partes, allí queda un olor de sacristía que, en opinión de los lugareños, esparce el viento hasta los lindes de la provincia. Por las calles se ven monjas arrulladas y curas con capa flameante que hacen recordar a don Fermín de Pas. Las autoridades eclesiásticas han usado todo el poder de Dios, al parecer, para que el César no consienta que en la comarca se abran burdeles y clubs de alterne. Quien quiera echar sus canas al aire o pasar una noche de excesos debe internarse por la autovía en dirección a Madrid y buscar mejores predios para el pecado. En los años cincuenta la intriga fue aún más extravagante (o así la cuentan, de leyenda en leyenda, los de la comarca; así lo cuenta entre otros Pascuala, que tiene más de ochenta años): los monseñores se confabularon para evitar que se asentara en la zona un fábrica de Cuétara. El progreso industrial trae la relajación de las costumbres. Trae el dinero que permite los vicios de la carne. Trae la apostasía y la blasfemia; la incredulidad. Las fábricas las creó el demonio para arrastrar a los hombres débiles de espíritu y disolver la civilización cristiana.

Todos esos espejismos –las putas contoneantes, el trabajo a la sombra que predicaba el padre de Muñoz Molina, los grandes coches, las fortunas fabulosas y las vidas sobrenaturales– eran los que veían quienes, como Beni, guardaban sus cosas en un fardel y se iban a la ciudad con dos monedas en el bolsillo. Allí encontraban muchas veces el desencanto. Trabajos extenuantes y mal pagados, casas insalubres desde las que solo se veía hormigón tapando el cielo, dinero escaso que apenas alcanzaba para comprar la pitanza que en el pueblo se arrancaba a buen precio de las huertas o de la carne del cerdo. Los coches de moda y las putas, para quienes las codiciaban, eran caros. Y las fortunas fabulosas las lograban únicamente algunos gánsteres.

La vida es siempre menos prodigiosa que los sueños que tenemos de ella, pero cuando existen además tierras prometidas a las que se viaja para encontrar manantiales de los que se cree que brotan diamantes ya tallados, la diferencia puede convertirse en tajo o en enfermedad nerviosa.

En Riba de Santiuste hay un castillo al que se llega subiendo una cuesta empinada. El castillo es propiedad de uno de los líderes de la secta filonazi Nueva Acrópolis, que en los años ochenta tuvo alguna relevancia en España. Esa pequeña fortaleza fue usada durante una época para hacer ejercicios de instrucción y adoctrinamiento de los muchachos captados. Hacían guardias militares en los caminos comunales y participaban en desfiles y cánticos. Desde el pueblo, abajo, lo veían todo como una extravagancia. No hubo nunca enfrentamientos entre los vecinos y los muchachos soldadescos, aunque Beni recuerda que en alguna ocasión trataron de impedirle que atravesara un camino para recoger unas hierbas.

Un castillo puede llegar a tener más atracciones que un club de alterne de carretera. El de Riba de Santiuste, que cuando estuvo deshabitado era utilizado por jóvenes de la zona o por excursionistas de otras partes para acampar, tiene fantasmas. Beni dice que es una invención de los periodistas, pero algunos paisanos, que recuerdan haber dormido allí en noches de luna muerta, aseguran que se escuchaban carreras y acometidas que no podía producir el viento. Durante una temporada estuvo viviendo en el castillo, acogido por el líder de Nueva Acrópolis, un capitán del ejército condenado a destierro por el intento de golpe de Estado de Tejero en 1981. En otros periodos el lugar ha estado deshabitado y ha sido objeto de saqueos –los muebles ceremoniales, el Santo Grial que quizá guardaban los paramilitares– por parte de aquellos desharrapados de la comarca que necesitaban sustento. Todos tienen alguna fábula que contar del castillo, que ahora permanece cerrado, pero lo único indiscutible es que desde esa altura se contempla una vista de campos ondulados en los que hay otras aldeas que han ido desapareciendo de la cartografía, algunas de ellas, como Querencia, de nombre novelesco.

Tobes, que está a pocos kilómetros de Riba de Santiuste, es un pueblo en ruinas. Ya no hay habitantes censados ni personas que regresen allí, en vacaciones, a una casa veraniega.

Los muros están derruidos. Algunos tejados debieron de desplomarse hace mucho tiempo, porque ya no quedan muchos rastros de ellos en el suelo; otros, en cambio, perviven como si aún hicieran su servicio. La puerta de la iglesia, que se mantiene en pie con una cierta dignidad, ha sido cegada con cemento para que nadie la allane. Tampoco hay perros, ni bestias, ni ganado. No perdura nada de lo que algún día fue, salvo el paisaje sobrio y parsimonioso. Muchas de las casas se construyeron en esta aldea sobre cuevas naturales que, levantada la edificación, se convertían en sótanos frescos que servían de almacén o de refugio en el verano. Ahora, con las paredes abatidas, puede entrarse a alguna de esas cuevas subterráneas, embovedadas, a las que no llegaba la luz. Dentro de ellas, el silencio se agranda: no es ya un silencio de seres humanos, sino de cuerpos de bronce. Un silencio limpio y bondadoso.

Tobes no ha sido abandonado en los tiempos recientes, como otros pueblos. Los últimos habitantes se fueron de allí hace más de treinta años, cuando no había aún agua corriente ni luz eléctrica. Al lugar lo fue royendo el tiempo. La lluvia, el ventarrón de los inviernos, la soledad. En 2004, Jorge Viroga, que dirigía una escuela de cine para niños en Madrid, rodó en sus calles una película titulada *El guardavías* con sus alumnos. «El primer largometraje hecho íntegramente por niños», pregonaba con exageración al presentarla. Luego se enamoró del pueblo e intentó comprarlo casa a casa para albergar en él Villa Orson, un paraje mágico al que trasladaría su escuela y en el que fundaría una especie de ciudad cinematográfica acondicionada para rodajes rurales. El propósito fracasó, y muchos años después, en 2011, Viroga fue juzgado por abusar sexualmente de algunas de sus alumnas menores de edad.

Poco después, una empresa se interesó por la aldea para emplazar en ella un *pueblo anglosajón* artificial, uno de esos lugares a los que acuden durante uno o dos meses las personas que desean aprender el idioma inglés y no tienen dinero –ni quizás ánimo– para irse a Gran Bretaña o a Irlanda a realizar la inmersión lingüística que necesitan. Son grandes acuartelamientos filológicos, microcosmos en los que, con los cielos despejados y el clima benévolo de España, se puede aprender a recitar a Shakespeare. El proyecto tampoco ha terminado de ejecutarse, aunque en algunas casas se ven las señales de la restauración emprendida –piedras más blancas y afiladas en los muros, hilos de andamios sin quitar– y en la comarca se sigue contando que el empeño está aún en marcha, retardado solo por las tribulaciones económicas de los tiempos.

Cuando paseo por Tobes, husmeando, me doy cuenta de que el lugar me gusta, de que siento una apacibilidad distinta allí. Al principio me da por pensar que es debido a la soledad, a esa sensación de aislamiento que quienes viven en ciudades grandes aprecian tanto, pero enseguida reparo en que hay otras razones más sustanciales: el aspecto de ruina y de miseria que, como en Iquitos o en las favelas, me atrae irremisiblemente, y, por otro lado, ese aire primitivo y agreste que hacía mucho tiempo que no veía en ningún lugar de España. Como un reloj roto, Tobes permanece en el tiempo en el que fue habitado. De repente me doy cuenta de un rasgo que me encandila: las calles no están asfaltadas, no hay aceras ni cemento; se camina por el polvo raso, por las piedras, por los herbajes que van creciendo donde la fertilidad lo manda. Las calles de Pinarnegrillo y de San Miguel de Serrezuela, en mi infancia, eran así. Había bostas y hoyas, había grandes charcos de agua embalsada cuando llovía. El camino tosco se alargaba hasta la salida del pueblo, donde arrancaba, después de unos centenares de metros, la carretera llena de baches. La plaza principal y alguna calle mayor estaban pavimentadas rústicamente, con empedrado o con cemento artesano, pero el resto del pueblo –de los pueblos– quedaban a merced de la naturaleza.

No sé si es solo nostalgia o es un sentimiento de subversión, pero esa perspectiva de calzadas polvorientas y ásperas me amansa. Me reconforta. Es una visión romántica extraviada, porque no me gustan los barrizales ni la suciedad ni las tolvaneras que se forman cuando azota el viento. Ese día en que paseo por Tobes, sin embargo, no ha llovido ni corre brisa, y al mirar el pueblo, quieto, imperturbable, me dan ganas de vivir en él. De comprar sus casas, rehacerlas poco a poco y, como esos aristócratas antiguos que poseen un castillo colosal y reciben en él a sus huéspedes, invitar allí a mis amigos, a escritores en busca de soledad o de inspiración, a viajeros de paso que cambian el alojamiento y la comida por historias insólitas, o a Sherezade misma para que vivifique con sus relatos las noches largas del invierno. Quizás ese es el deseo que cualquier hombre tiene: llevarse a algún lugar todo lo que quiere; tener al mismo tiempo el silencio y el bullicio.

Comprar un pueblo abandonado no es una fantasía delirante, aunque las razones para hacerlo puedan ser distintas. Yuma lo intentó con una aldea de Los Ancares leoneses, Villarbón, que estaba casi oculta a la vista, cubierta completamente de zarzas y de maleza. Hace más de veinte años, mucho después de que murieran sus últimos habitantes, Yuma tomó la decisión de reconquistar el lugar y levantar en él un paraíso personal, un cruce de caminos en el que la gente pudiera estudiar o vivir sosegadamente. Yuma, acompañado por Teje, su mujer, inició esa aventura. Comenzó a comprar las casas a sus propietarios —herederos que no tenían ya vínculo con esa tierra y que no le daban ningún aprovechamiento a la posesión—, dobló el espinazo para trabajar reciamente y fue llamando a las puertas de las oficinas de los burócratas para conseguir la ayuda administrativa que necesitaba.

Yuma es, a pesar de su aspecto robusto, jaranero y saludable, una especie de quijote leonés. Sabe que Villarbón puede estar lleno de gigantes o de molinos de viento, pero no deja de cabalgar, con la lanza en ristre, hacia allí. «Entre perder veinte años de mi vida detrás del mostrador de un banco o detrás de un sueño, prefiero lo segundo.» Es lo que decían

Homero y Kavafis: lo importante no es llegar a Ítaca, sino viajar hacia ella.

Yuma vive en Espinareda de Vega, que está, como en un trabalenguas, a las afueras de Vega de Espinareda. Vega de Espinareda es un pueblo grande. Tiene bares y tiendas de todo tipo. Tiene bancos. Espinareda, en cambio, solo tiene una calle, que se llama calle Única. Son tres vecinos, uno de los cuales vive en la ciudad y acude allí únicamente en vacaciones. A Yuma le gusta vivir en Espinareda porque está solo, en medio de la paz de la montaña, pero al mismo tiempo puede llegar en pocos minutos, si lo desea o lo necesita, a un lugar en el que escuchar la voz de la gente, el ruido de motores, la bulla del mundo. Él cree que en el futuro no quedará mucho rastro de lo rural, que los hombres vivirán amontonados en ciudades. Todo tiende a concentrarse, a apiñarse. Es el ritmo de los tiempos, dice Yuma. «Nos gusta sentir el contacto de otras personas, entrar a una taberna en la que haya parroquianos y poder acodarnos en la barra junto a ellos», explica con un gesto que parece de pesar por esas servidumbres humanas. «Pero también nos gusta tener una ferretería cerca para poder comprar una tuerca o un recambio sin tener que recorrer cien kilómetros. Y eso es lo que está cambiando irremediablemente. Los comercios y los servicios se alejan, y entonces hay que elegir entre estar solo o mudarse.»

Llego a Espinareda de noche, con el cielo oscuro, y al mirar el horizonte, en el que no se ve nada, me acuerdo de que Yuma me habló del paisaje como una de la razones que tiene para seguir viviendo. «Cada día, al levantarme, veo por la ventana de mi dormitorio la sierra de Los Ancares, y eso me llena de ánimo», me explica. Hace algunos años, en Chile, fui a visitar la casa de Pablo Neruda en Isla Negra. Saqué la entrada de acceso, esperé en los alrededores mi turno y por fin, rodeado de turistas como yo, conducidos por un guía que nos iba explicando lo que era pertinente, comencé el recorrido. La situación, así, no inspiraba demasiada emoción. No había intimidad ni pausa. Pero cuando llegamos al dormitorio del poeta y pude ver, a través de los ventanales que había frente a la cama, desnudos, el océano inmenso y bravío, se me llenaron los ojos de lágrimas y tuve que apartarme un poco del grupo para disimular mi sensiblería. En aquel momento pensé que si yo hubiera vivido allí, si hubiese podido despertar cada mañana con el espectáculo formidable de las aguas del Pacífico rompiendo contra el acantilado, tal vez habría sido capaz de escribir los versos más tristes cada noche.

El paisaje es un concepto indefinido, un estado del alma que sin embargo posee rasgos físicos y está compuesto por montañas, mares, arboledas, llanuras y desiertos. También por edificios y por torreones. Desde un ático de la calle de la Encomienda de Madrid, donde vive un amigo mío, se ve una cuadrícula de tejados hacia los cuatro puntos cardinales que, al menos, alienta la imaginación y avía el espíritu. Las chimeneas recortadas sobre el cielo y extendidas hasta donde la vista alcanza también son paisaje. Pero de lo que habla Yuma es de algo más grandioso. De algo que cincela Dios, incluso si –como parece probable– no existe.

Siempre he creído que la casa en la que uno vive es un apéndice del propio cuerpo, una expresión cabal de la existencia de cada individuo. Del mismo modo que cada cual es responsable de su rostro a partir de los cuarenta años, como dijo Abraham Lincoln, lo es también de la casa en la que habita, aunque haya sido impuesta por algún destino. La palabra «hogar» proviene del latín «focus», que es el origen también de «fuego». El *hogar* era esa parte de la casa en la que se encendía el fuego y en la que se reunían, a su alrededor, aquellos que moraban en ella. El hogar, con ese olor etimológico, siempre ha sido un refugio, un cobijo, el rincón en el que uno se resguarda –literal y alegóricamente– del frío de afuera.

44

Pero es imposible delimitar la casa al perímetro exacto de sus muros. El paisaje también forma parte de ella. Cuando se abre la puerta y se atraviesa la cancela se llega a un lugar. Cuando se mira por las ventanas se ven parajes, o aguas, o muros de otras casas. La casa de Isla Negra no estaba hecha únicamente por sus materiales, su delineación arquitectónica y sus objetos de coleccionista. El océano también formaba parte de ella. La casa de Yuma, levantada sobre los muros impecables de las edificaciones preexistentes, con esa piedra astillada y hermosa que se recogía en las canteras sin tallar, tiene, del mismo modo, una sustancia constructiva inexcusable: la sierra de Los Ancares. El paisaje. La tierra que puede pisarse alrededor.

Esa tierra más próxima tiene una huerta florida. A Yuma se le ilumina el rostro cuando habla de ella y cuando habla, en general, de semillas, de hortalizas y de plantas. Me pone sobre la mesa, para la cena, un plato de degustación de tomates, cortados en rodajas finas y aliñados con sal marina y aceite de ajo elaborado por él mismo. Son tres clases distintas, que proceden de Japón, de Estados Unidos y de Siberia, pero en su huerta hay hasta diecinueve variedades más. Consigue las semillas a través de amigos que viven en lugares remotos y a través de internet, donde se relaciona con aficionados y profesionales de la horticultura e intercambia con ellos experiencias, proyectos y materiales.

Para un poblador de ciudad que apenas ha tenido contacto con ese mundo y que, mitológicamente, puede llegar a pensar que los pimientos y las remolachas se fabrican con máquinas o se crean con conjuros mágicos, contemplar esa adoración hacia la tierra es una ceremonia prodigiosa. Hay algo taumatúrgico, un fulgor de divinidad entre las matas que crecen ordenadas. Yuma, por un instante, me parece Merlín. Arranca un tomate, lo huele y me lo ofrece. Es un tesoro, un diamante.

Hundo los dedos en la tierra, teatralmente, para tratar de entender el atavismo. La tierra es suciedad, esfuerzo, paciencia y alquimia. La tierra es una tarea que se hace a cara descubierta, al sol ardiente o bajo la lluvia. Y sin embargo, a pesar de esas penalidades del cuerpo y del espíritu, trae la felicidad. El rostro de Yuma mientras arranca los tomates para obsequiarme es como el del tío Martín en Pinarnegrillo cuando desbrozaba la mata o desenterraba con una azada pequeña las patatas: el iris se alumbra, en las comisuras de los labios se forma una risa casi invisible. Hay un júbilo que emparenta ese sentimiento con el de la paternidad. La madre tierra, la pachamama andina.

Iquitos y esa región del Amazonas se hicieron célebres en la época del caucho –como cuenta Mario Vargas Llosa en *El sueño del celta*– por el expolio natural a que fueron sometidos. Esa tierra madrastra trajo sumisión, tortura y un desarrollo industrial que se parecía más a la esclavitud que a la modernidad. No sé qué es lo que cultivan ahora, salvo esas bananas que vi en grandes racimos sobre las barcas de Iquitos y algunas frutas y verduras que comí en los días que pasé en el *resort*. Pero las tribus que viven por allí, la de los niños que se bañaban en el río y la de los salvajes que hacían danzas tribales para los turistas, tienen una economía de supervivencia. Plantan para comer. Miran al cielo y temen a los dioses de la meteorología, de los que depende en buena medida su bienestar. Incluso siguen empleando medios curativos arcaicos, medicinas elaboradas a partir de plantas, bejucos y raíces que machacan en morteros o dejan cocer al sol.

Hay una ligadura con la tierra que se cría con el amamantamiento y que, si no se ha tenido entonces, ya no puede conseguirse nunca. Cuando se siente esa ligadura ni siquiera es necesario encontrar el utilitarismo del cultivo: da igual que a uno no le gusten los tomates o que no sirvan para ser vendidos rentablemente; da igual que tengan que pudrirse muchos de ellos en el almacén en el que han sido guardados. Lo esencial es más íntimo.

Con los dedos aún manchados de la tierra de la huerta, toco la piedra de los muros de la casa. No sé cuántos años lleva ahí alzada. Tal vez más de un siglo. No sé tampoco quién la puso, quién cortó o picó o arrancó —el tacto semántico de todo lo artesano y lo rural se ha desvanecido— los adoquines o las lanchas de los montes. No sé si hubo arquitectura o azar en la primera construcción. Seguramente Yuma tampoco sabe nada de todo eso. Él solo desea conservarlo, preservar ese mundo frágil de las ruinas. Su casa, que ha llenado de ventanales para que se vea desde ella el oleaje de las montañas, y las casas de Villarbón, que ha ido reconstruyendo poco a poco como si esperara poder convertirlas algún día en una patria. Ya solo falta que quienes disponen de la hacienda pública construyan la carretera que la aldea nunca tuvo. En estos tiempos es quizás inútil fundar un lugar al que no pueda llegarse sin una máquina. Los pueblos, antes, tenían caminos que se transitaban a pie o a lomos de bestias de carga. Se dedicaban jornadas enteras a viajar en busca de cosas insignificantes. Los mercados estaban en sitios remotos y las mercaderías eran actos extraordinarios. Hoy, en cambio, nadie viviría en una aldea a la que se puede acceder únicamente atravesando el campo o remontando caminos de cabras. Solo los locos.

Antonio Bello dice cosas de hombre loco con la serenidad que solo tienen los juiciosos. Es consciente de que los demás pueden pensar que ha perdido la razón, y eso, de antemano, es garantía de que la conserva. Vive en Lousada de Samos, un pueblecito sin relieve que está al oeste de Espinareda de Vega, en la provincia de Lugo. He llegado hasta esa comarca porque alguien me avisó hace no mucho tiempo de que allí había visto aún estampas ancestrales –o miserables, si se quiere usar otro punto de vista– de la España que busco, de una España primitiva y ensimismada. Una de esas estampas llega a obsesionarme: una mujer metida en el río, arrodillada, lavando la ropa sobre las piedras de la orilla. La he visto muchas veces en mi infancia, en los veranos de San Miguel de Serrezuela, aunque no soy capaz de recordar si eran mi madre, alguna de mis tías o las aldeanas del pueblo las que lo hacían. En los años en los que no había todavía lavadoras domésticas, en cada casa había una de esas tablas de madera corrugadas sobre las que se restregaban las camisas y la ropa interior manchada hasta que quedaba todo inmaculado. Luego se aclaraban en un balde de agua limpia y se tendían en el patio de vecindad o en la fachada del edificio. En los pueblos se dejaban también secar sobre las rocas del río.

A veces, cuando íbamos allí a bañarnos, había en la orilla una colada extendida oreándose. Saltábamos entre delantales, camisones y bragas, y los adultos nos reprendían si en los juegos acuáticos salpicábamos las prendas puestas a airear.

Ese retrato, que es de otro tiempo, me conmueve. A casa de mis abuelos, en el barrio madrileño de Argüelles, venía cada día un repartidor de hielos (seguramente aquella profesión tenía un nombre que nunca conocí y que no he sido capaz, ahora, de descubrir). Dejaba varias barras gruesas que mis abuelos metían en la nevera para conservar fríos los alimentos perecederos. Aquella nevera no tenía motor ni circuitos de gas activados por la corriente eléctrica. Era un simple baúl herméticamente cerrado en el que se introducían esos grandes bloques de hielo que iban derritiéndose a lo largo del día —o de los días, no puedo precisar su durabilidad— y refrigeraban las lechugas, los pescados y las asaduras. Por entonces no había aún electrodomésticos, o eran solo privilegios de las clases acomodadas. Estábamos en los años sesenta.

Por eso me fascina la idea de encontrar en el siglo XXI a mujeres que se metan en el río —en verano y en invierno— para lavar la ropa. Que se arremanguen enaguas y enseñen, arrodilladas, los muslos blancos. La tradición asegura que muchas de las violaciones sexuales se producían en ese entorno. La sensualidad de la carne a medio desnudar, la postura obscena, el apartamiento. Toda la escenografía evoca un tiempo vetusto y unas costumbres añosas. ¿Se puede ser más feliz enjabonando la ropa en el río que usando una lavadora eléctrica?

No encontré en esas aldeas de la sierra del Caurel y de la sierra de Oribio a ninguna mujer frotando calzones contra los pedernales de un río ni vi una miseria amazónica. Por ahí discurre el Camino de Santiago francés, y la cualidad civilizadora de esa ruta, que recorren miles de peregrinos de todo el mundo cada año, se nota sobre todo en algunos concejos desacomplejadamente turísticos, como Piedrafita do Cebreiro, cuyas vistas, a ambos lados del alto, son estremecedoras.

Entro en carreteras comarcales y en alguna pista de tierra para buscar lo recóndito, lo salvaje, pero el destino siempre me lleva a lugares que, cuando no están deshabitados, son decorosos. Voy subiendo y bajando repechos montañosos que me conducen a paisajes contorsionados. Pienso entonces, durante el silencio del viaje, en Azorín y en Antonio Machado. Pienso en las condiciones espirituales que tenían aquellos que alababan la sobriedad desabrida de las llanuras peladas y pardas de Castilla. He estado muchas veces en desiertos –en el Sinaí, en Atacama, en Siria– y he encontrado en ellos el ascetismo o el embelesamiento de la desolación. La transparencia de lo inhóspito. Tal vez Castilla fue alguna vez así. Una llanura fría y desamparada. Al atravesar Los Ancares y Caurel, al mirar desde Piedrafita el horizonte, tengo la sensación, sin embargo, de que el paisaje verdadero es ese que contemplo ahora. Un serpentín de vegetación (leo en alguna guía, mientras avanzo, que hay robles, castaños, abedules, acebos y avellanos, aunque yo, que no sé distinguirlos, solo acierto a reconocer los pinos devoradores que llenan muchas laderas). Un pliegue desordenado de la tierra que no admite la racionalización de las palabras. Llevo mucho tiempo recorriendo la zona y soy incapaz de describir con precisión su fisonomía. Trato de hacer acopio de vocabulario botánico, geográfico y geológico para explicar que en tal o en cual trayecto hay tierras arcillosas o desniveles o zarzales, que las montañas se convierten en colinas o en picos, pero la fugacidad del camino me deslumbra de un modo más humano: no quiero hacer un retrato científico, sino un viaje épico. Y de repente me doy cuenta de que estoy mirando todo aquello como si fuera un laberinto. A cielo abierto y sin empalizadas, sin alambrados: un laberinto que, como decía Borges, es más inescudriñable y más hermético cuanto más despojado esté. Un jeroglífico que no tiene solución. Busco las agujas en el pajar, la gota de lluvia en el caudal del río.

En Pasantes, al borde de la carretera principal, encuentro una casa en la que venden moras y grosellas. Sobre una mesa hay pequeños cuencos de plástico llenos y un cartel escrito a mano en un cartón que indica el precio. Nadie vigila. Como en otros pueblos, no hay gente por la calle, a pesar de que es un día laborable, pero en un callejón aparece una mujer fea y desaseada que va vestida con un traje psicodélico que no le encaja demasiado bien en el cuerpo, una de esas piezas de ropero demodé que, si en tiempos de gloria fueron usadas para bailar en una discoteca, se emplean ahora por quien las heredó para tareas domésticas. No veo, en ninguno de los pueblos que voy recorriendo, un cuidado por el acicalamiento personal o por la higiene. Las mujerucas y los paisanos se visten con ropas desajustadas y sucias, remendadas, rotas o –como el vestido psicodélico de fiesta– discordantes e inconvenientes. El placer de la compostura física, que en la ciudad está tan perfeccionado, en el campo parece echado a perder.

Triacastela es otro de esos pueblos grandes que dan cobijo y mantel a los peregrinos que van hacia Santiago. A pesar de su tamaño, conserva ese aire fantasmal de lo despoblado. En una de sus esquinas encuentro una iglesia vacía y, a su lado, un cementerio.

Andando por carreteras escondidas llego a una aldea que no tiene rótulo viario a su entrada. No tiene nombre. Se llega atravesando un puente por el que el coche cabe sin demasiada holgura. Son pocas casas, y la primera de ellas, justo después del puente, es una de esas casonas desvencijadas que tiene balconadas de madera carcomida y grandes ventanales con cuadrículas de parteluces cuyos vidrios están ya rotos o astillados. Hay, en el camino, centenares de casas como esta: casas abandonadas en las que sus dueños, como el perro del hortelano, ni viven ni dejan vivir. Rehabilitadas con miramiento y con buen gusto, como ha hecho Yuma en Villarbón o en la suya de Espinareda, pueden convertirse en pequeños palacios de retiro, con grandes espacios, materiales apegados a la tierra, luz exuberante y paz sobrenatural. Durante un instante me pregunto si es eso lo que voy buscando: un lugar en el que desaparecer, una doble vida.

Antes de marcharme de allí me encuentro con un hombre que parece del lugar y le pregunto el nombre de la aldea. Es Balsa, aunque no tenga rótulo en la carretera o esté tapado por la fronda.

San Xil sí tiene rótulo. La carretera que conduce hasta allí está deteriorada, con baches, pero la aldea, en cambio, es agradable a la vista y está bien cuidada. Las casas son de piedra, tradicionales. Como en casi todos los lugares por los que paso, hay silencio absoluto. Ninguno de los vecinos asoma la cabeza, no se escuchan voces. En los campos, labrados, veo espantapájaros, pero no sé cuál es el cultivo que protegen. San Xil parece un rincón apartado, rumoroso, en el que tal vez alguna mujer vaya hasta el río para lavar la ropa. No estoy seguro, sin embargo, de que queden mujeres, de que haya mucha ropa que baldear. Si ahora, que es el comienzo del otoño y aún hace calor, no se ve el reflejo de nadie, trato de imaginar cómo será en esas tierras el invierno. Cómo será la vida diaria en esas aldeas apagadas.

A Lousada de Samos voy porque me han hablado de Antonio, el hombre que dice cosas de hombre loco con la imperturbabilidad que solo tienen los sabios. A las afueras del pueblo hay un cementerio que tiene las mismas flores deslucidas de todos los cementerios: pétalos de plástico demasiado coloristas, ramos quemados por la luz. En la puerta encuentro a un hombre y le pregunto por la casa de Antonio. «¿El alquimista?», dice él. Vacilo durante un instante por la naturalidad con la que lo propone, pero enseguida me doy cuenta de que en esos lugares pequeños la extravagancia acaba transformándose en una seña de identidad. «El alquimista», le confirmo.

Cuando llego a su casa, Antonio está trabajando en el patio delantero. Raya minerales en una gran vasija. Los minerales son su vida desde hace años. Los usa para hacer pócimas que contengan toda la energía que hay en ellos. Allí mismo, en el patio, sobre una mesa que hay bajo un techado, se puede ver una colección considerable de piedras de distinto tipo. Yo, que no soy capaz de distinguir los árboles ni de ponerle nombre a muchas de las hortalizas que crecen en una huerta, no puedo reconocer ninguno, pero me asombra su variedad: es como un muestrario de museo de ciencias naturales.

Antonio nació en Lousada de Samos, pero, como tantos otros, emigró en busca de fortuna. La encontró. Se convirtió en un empresario de éxito, con negocios de hostelería que le marchaban bien. Se casó. Tuvo dos hijas. Ganaba dinero. Estaba enredado en esa espiral de vida impetuosa que, como los remolinos, se traga todo lo que cae en su perímetro. Antonio no era infeliz, o no recuerda haberlo sido. No tenía carencias sustantivas ni tenía tampoco desenfrenos. Vivía en Fuerteventura, entregado a una existencia mundanal corriente.

Un buen día sufrió una experiencia extrasensorial que le apartó del mundo. Un viaje astral que le trasladó desde este nivel, en el que vivimos todos, en el que él mismo vive a medias, a otros niveles superiores. Le cuesta explicarlo con desenvoltura y con llaneza porque es consciente de que los asuntos paranormales no tienen un predicamento universal, pero al fin, cuando me muestra una escultura enigmática que tiene en el pasillo de la casa, me lo cuenta todo: fue abducido por fuerzas extrañas en una nave espacial –la que representa la escultura, con su forma característica, con una gran cabina central y gránulos repartidos a su alrededor en la circunferencia como si fueran escotillas– y estuvo en contacto con unos maestros en un lugar que podría ser un templo o un laboratorio. Luego regresó a la tierra, o a la dimensión terrenal, metamorfoseado. De repente tenía una conexión especial con los minerales, que nunca antes le habían atraído especialmente, y dejaron de importarle el dinero, los bienes materiales y los placeres humanos de los que hasta ese momento había disfrutado. Se lo contó a su mujer y a sus amigos, pero todos le tomaron por loco. Trataron de que fuera al psiquiatra. Él mismo, en aquellos tiempos, tuvo dudas: lo que le había pasado era tan profundo que no podía comprenderlo del todo. Le decían que podía ser un trastorno bipolar o una psicosis de algún tipo y él, a pesar de sus sensaciones, que eran diáfanas, tomaba en consideración la posibilidad racional de que fuera verdad. «Cuando una persona vive ese estado», explica Antonio, «queda un poco traumatizada, no sabe bien ni ella misma lo que está pasando.»

Su amarra fueron los minerales. En ellos encontró el punto de equilibrio que le faltaba en todos los demás órdenes de su vida. Y por ellos fue capaz de abandonar todo. Estuvo dos o tres años en un contacto permanente casi erótico con la naturaleza, acercándose a los minerales, y eso le libró de la obsesión de la locura. Conoce a otras personas que vivieron como él experiencias extrasensoriales y que, atendidos por psicólogos, sometidos a las reglas de la medicina convencional, acabaron anestesiados, llevando una existencia de autómatas y recordando siempre, como si se tratara de una alucinación, ese mundo prodigioso entrevisto durante un instante.

Antonio regresó a la casa familiar de Lousada de Samos, que había construido su padre hace noventa años, cuando iba a casarse, y se encerró en ese mundo nuevo de la alquimia. Le resulta difícil describir con el lenguaje humano el propósito de su vida. La esencia de lo que él siente al trabajar con un mineral o al combinar sus partículas en uno de sus cuadros no puede confinarse en los límites de una gramática. Mantiene una buena relación con Paulo Coelho y su mujer, que le visitaron en su casa, pero cree que las historias que cuenta el brasileño solo alcanzan a desvelar la superficie pintoresca de su universo.

Yo soy un hombre de la Ilustración, educado en los valores del racionalismo y del positivismo científico. No puedo creer, por tanto, que alguien haya sido raptado por un platillo volante y que haya visto, en algún punto indeterminado del cosmos, una dimensión oculta de la existencia, un código teológico que ni siquiera puede ser transmitido con palabras. Pero Antonio no me parece un hombre loco, sobre todo porque la primera característica de los locos es que no son conscientes de su locura. La mente humana, como desvelan cada vez más transparentemente los estudios de neurociencia, es una sima inacabable, una cavidad llena de desfiladeros, de galerías y de subterráneos que no conducen a ninguna parte. La mutación de una de sus partículas, el movimiento craneal de una de las circunvoluciones del cerebro, puede quizá producir una reencarnación. Es lo que hacen algunas drogas: convertir a un hombre en otro.

Mientras converso con Antonio, sin embargo, me da por pensar que su vida es una alegoría de lo que voy buscando en esas aldeas del Amazonas. Tiene el rostro de alguien que está en paz consigo mismo. Habla con una voz templada, sin distorsiones de la emoción ni ansiedades escondidas. Ha logrado encontrar una especie de dicha en su unión con los minerales, en el roce con la naturaleza. Ha conseguido, en fin, aquello que tantos hombres persiguen. Si cuando un hombre está a punto –por ejemplo– de sufrir un choque automovilístico o de caer desde lo alto de un edificio, su cuerpo desprende una carga suplementaria de adrenalina para repeler el miedo y permitir que el organismo actúe controladamente ante el peligro,

¿no es posible creer que algunos cerebros sometidos a la desazón de la vida moderna, al malestar del dinero y a la nerviosidad de la porfía continua segreguen una sustancia *astral* que libere al pensamiento de sus compromisos con la racionalidad? ¿No es posible pensar que determinados actos inconsecuentes, como los de Antonio, no los origina la locura, sino el desfallecimiento?

Encontrar el valor necesario para huir de un tipo de vida que, detrás de la apariencia de esplendor, solo muestra insatisfacción y desgracia resulta casi siempre heroico. Siempre hay demasiadas deudas, demasiados asuntos pendientes, demasiadas fidelidades que no pueden ser rotas. Una mujer, hijos. Unas comodidades materiales que –por qué negarlo– producen placer: un equipo de música de calidad, una casa espaciosa, muebles cómodos, ropa embellecedora. Y un estilo de vida en el que los valores están enredados como en maraña: la riqueza es una servidumbre pero a la vez un orgullo; el éxito, que se logra con embestidas y con sangre, produce euforia; y el brillo social, a menudo frívolo y fatuo, halaga la vanidad incluso de los humildes. Podrían hacerse varias metáforas poco creativas: somos como Ulises, amarrados a un mástil del que desearíamos soltarnos para acudir al encuentro de las sirenas, aunque fuera al precio de despedazar el barco en el que viajamos; o somos, en otros casos menos admirables, como marionetas incapaces de soltar los hilos que nos mueven y de vivir con autonomía.

En San Justo de la Vega, al lado de Astorga, vive desde hace tres años David, un ejecutivo de Barcelona que un buen día, tras una serie de fracasos personales, decidió cortar esos hilos de marioneta y liberarse de las deudas emocionales que le ataban. No viajó en un platillo volante, como Antonio, pero su desamarramiento de la vida fue muy semejante. Es la escritora María José Rubio quien me habla de él y me enseña fotos: se trata de un hombre aún joven, atractivo, con un rostro

56

en el que lo urbano –el acicalamiento del pelo, por ejemplo– aún clarea. Tiene un cuerpo atlético, bien formado. Vive al borde del camino –del de Santiago, también– en un chamizo. No posee más ingresos que los de las donaciones que hacen los peregrinos o la comida que, en mercadeo, le dan los vecinos de la zona o gentes que simpatizan con su nueva vida. Todo lo que tiene lo comparte. Y asegura que ahora es feliz. Cree que la desventura de los hombres –la suya, antes de marcharse de Barcelona, y la de muchos otros que estaban cerca de él entonces o que desfilan por su casa en San Justo de la Vega– se debe a su desconexión con los ciclos de la naturaleza y a las aprensiones en las que el mundo nos atrapa: el miedo a fracasar, el miedo a perder los objetos que atesoramos como si fueran oro, el miedo a que dejen de querernos. «Me cansé del sufrimiento, pasé por un proceso de oscuridad», dijo en una ocasión a un periodista que le entrevistaba. «Bebí, fumé y me drogué. Estuve encerrado tres días y una nueva puerta se me abrió. Elegí este camino.» Ese camino está despojado de todo, no tiene ninguno de los elementos que a quienes vivimos en las ciudades nos parecen medulares: «Mi vida es muy simple. No tengo luz, ni agua corriente. Me traslado a pie, me levanto temprano y cuando se hace de noche me voy a la cama. No tengo gastos; la comida que como es la que hay en la mesa». En la puerta de su refugio, a la que ha llamado «La Casa de los Dioses», figura escrita con caligrafía de grafiti naif una frase de Confucio que define a la perfección su personalidad: «Nuestra vida es la obra de nuestros pensamientos». Alguien está preparando una película para contar la peripecia existencial de David.

Aunque el ascetismo es menos severo –tiene una casa grande de piedra en la que los servicios básicos están atendidos–, Antonio Bello comparte con David la misma sustancia filosófica. Están desapegados de lo terrenal. Han dejado de desear aquellas cosas banales que les hacían daño. Se han desatado del mástil, han dejado que su barco se estrellara contra las rocas y ahora, después de llegar a nado hasta la costa, escuchan cada día el canto de las sirenas.

Antonio no es un ermitaño ni un misántropo. Recibe cada día afablemente a los peregrinos que pasan por su casa o a los visitantes que, sin ninguna identificación jacobea, llaman a su puerta. En la planta superior de la casa hay habitaciones con colchones en las que pueden dormir los caminantes si lo desean, pero la mayoría de las visitas que recibe Antonio son de gente que le busca, gente que le conoció en el transcurso del peregrinaje y quiere regresar a compartir con él más tiempo y algo de su sabiduría. Unos días después de nuestro encuentro va a recibir a una mujer a la que no ha visto nunca antes. Su hija pasó por Lousada de Samos y le pidió a Antonio una piedra para su madre. Él se la dio, y ahora, meses después, la madre viajará hasta allí para conocerle.

Mientras estamos charlando, llega a la casa un peregrino italiano. En una lengua mestiza explica también que su hijo recorrió el Camino hace unos meses y que, al saber que su padre iba a emularle, le recomendó que pasara a ver a Antonio. El italiano tiene aspecto de buscar solo un rato de conversación y de descanso. Antonio le ofrece algo de beber y le sirve un vaso generoso de vino. Luego le deja en la galería, donde está la exposición de algunos de sus cuadros y la salida al patio, y sigue explicándome su vida.

Después de abandonar Fuerteventura, Antonio cruzó un desierto interior en busca de su lugar en el mundo. Al principio no confiaba en sí mismo, se sentía casi un apestado, pero no tenía posibilidad de dar marcha atrás, pues esa visión que había tenido y ese instinto recién adquirido hacia los minerales se lo impedían. En esa época vivió momentos sublimes —cuando se enamoraba de alguien, cuando hallaba en alguna piedra una comunicación especial, cuando descubría un lugar mágico– e infiernos terribles en los que se repetía la imagen de su locura o de su soledad. En Lousada de Samos encontró el reposo. Su atracción hacia la alquimia se fue perfilando como una providencia. De las dos tradiciones que tiene la doctrina, la egipcia y la china, él se sintió siempre más cerca de la primera, que está enraizada en lo material, en lo que puede ser tocado. «Sea lo que sea lo que uno haga, tiene un cuerpo», dice Antonio mansamente. «Sea lo que sea lo que uno crea, pisa sobre el suelo.»

Incluso las imágenes retóricas que Antonio usa para describir estados de ánimo están teñidas por lo mineral. Para referirse a esos momentos de felicidad extrema que a veces encontramos en la vida, dice «los diamantes que todos llevamos dentro». Es como un ventrílocuo que usara las piedras –sus colores, su pureza– para expresarse. En la planta superior de la casa está su taller, que muestra con un indisimulado orgullo. Hay dos grandes mesas llenas hasta la saturación de pequeños vasos de plástico, cada uno de los cuales contiene, en distintos niveles, polvo mineral. El alféizar de la ventana también está rebosante. No soy buen matemático, pero calculo en el recuento visual que puede haber quinientos vasos. Quizá mil. Todos ellos alineados sin demasiado orden. No existe una clasificación aparente, y le pregunto a Antonio, asombrado, cómo sabe en aquel marasmo dónde encontrar un color o un mineral. Su respuesta abunda en ese ámbito de la corazonada, de la inconsciencia, que ha dejado patente desde el principio: «No hay que buscar nada. Depende de cómo me encuentre cada día, me llama uno u otro, se establece una conexión de algún tipo. Cuando hay tantos minerales en un lugar se produce una combinación de energías que sirve de pauta».

Con esos polvos minerales, Antonio compone sus cuadros, que tienen formas intuitivas y representan dimensiones sagradas. La tasación artística es, como se sabe, un criterio tornadizo, pero no parece que los cuadros de Antonio Bello puedan ser apreciados por personas que no encuentren en ellos la espiritualidad trascendente que él compone. Su colorismo y su vistosidad son tan variopintos que cuando hace exposiciones muchos le acusan de usar pigmentos artificiales, manufacturados. Al contar esto, con una ligera indignación, se puede observar que Antonio es aún un hombre de este mundo, que conserva las pasiones: la importancia que le damos a la opinión de los demás nos vuelve frágiles y humanos. Ese enfado, sin embargo, es la prueba de que sus cuadros aspiran a otras emociones, porque si estuvieran hechos con pigmentos artificiales, como los que usaban Velázquez, Rembrandt o Picasso, su valoración artística sería idéntica. Su valoración alquímica, en cambio, no. Son tablas de energía. Ventanas que se abren a otro universo.

La mayoría de las obras que Antonio vende –a precios que, salvo excepciones, van de los cuatrocientos a los mil euros– las compran personas que, gracias a esa red tupida que ha ido tejiéndose a su alrededor, pasan por su casa. Ha hecho algunas exposiciones, pero en esos casos el dinero se ha esfumado de sus manos misteriosamente. Le parece abusiva la comisión que se llevan los galeristas, lo que encarece el precio de los cuadros y los vuelve inaccesibles para muchos compradores interesados. Sus obras están repartidas por todo el mundo. Algunas de las últimas han cruzado la frontera hacia Bélgica, Alemania o Hungría. Ahora hay una periodista vasca que está tratando de darle visibilidad artística, pues cree que su talento merece más difusión. Antonio, sin embargo, solo busca transmitir las sensaciones que él mismo vive, y por eso sabe que sus obras son más apreciadas por terapeutas de distintos tipos y por gente con una espiritualidad exacerbada.

La espiritualidad está en la raíz de todo lo que Antonio hace, pero no es un asceta. Cuando le pregunto si no echa de menos a las mujeres, se sonríe con dulzura y responde que no le faltan mujeres. Que tiene, en realidad, un exceso de mujeres. Acaba de regresar a su país una inglesa que ha pasado seis meses con él en Lousada de Samos. Y otras van y vienen. «No sé por qué será», dice con una cierta coquetería, «pero las mujeres no son un problema. A veces, al contrario, son un problema de exceso, porque la sexualidad hay que dosificarla para que no agote la energía. Cuando tienes mucho sexo, parece que te encuentras en buen estado, satisfecho, pero la energía del cuerpo se consume y en realidad estás abatido. Una relación no es solo sexo. Hay muchas otras cosas. Y lo bueno de no tener una necesidad acuciante de estar con alguien es que cuando lo estás sabes que es por un sentimiento verdadero. Que no hay posesión ni intereses espurios. Eso gusta a las mujeres. Hace que se sientan cómodas. Y tal vez por eso hay tantas que se acercan a mí.»

A finales del siglo pasado, varios años después de que su vida hubiera sufrido la mudanza colosal, pasó por su casa de Lousada una mujer joven que se enamoró de él. Era chilena, pero venía de París, donde había estado realizando estudios. Sus padres eran políticos y, por lo tanto, formaba parte de la élite del país. Ella, veinticinco años menor que Antonio, era chamana. Tenía un profundo interés en todo ese mundo enigmático. Había sido discípula de Alejandro Jodorowski, el escritor de la psicomagia, y trabajaba con las flores de Bach, hacía regresiones y operaba también con minerales.

Antonio correspondió a su amor y poco después se fue a vivir con ella a Santiago de Chile. Abrieron una consulta chamánica y tuvieron dos hijos. Él aprendió de aquella tierra y de sus tradiciones muchas de las cosas que forman parte ahora de su identidad. Viajó por el norte del país, se empapó de aquella energía. Tomó contacto con minerales que nunca había visto. Dio, en suma, otro salto mortal.

Al cabo de ocho años comenzó a resquebrajarse el amor. La diferencia de edad y los estragos que siempre trae el tiempo desbarataron la relación. Antonio, entonces, decidió regresar a España, a su casa de Lousada de Samos. Al principio, como todos los que sufren una separación sentimental, con dolor. Con algún reproche, con la amargura del desengaño. Pero enseguida recobró la armonía. Sus mejores amantes, los minerales, seguían ahí, en las montañas, en la profundidad de la tierra. Reconstruyó a distancia el trato con su chilena y retornó a su vida primitiva.

Tiene una relación excelente con sus dos mujeres y con sus cuatro hijos. De vez en cuando viaja a Fuerteventura o a Chile para ver a sus familias y pasar un tiempo con ellas. No queda ninguna cicatriz emocional, ninguna reserva. Antonio sabe que no se puede ser feliz si del corazón no se han extraído todas las piedras. No puede haber deudas ni resentimientos antiguos. «Sé impecable en todo lo que hagas. Sé libre, sé transparente», dice como si fuera un oráculo.

Durante un instante, cuando estamos ya despidiéndonos, me quedo mirando al fondo de los ojos de Antonio. Él ladea la cabeza cuando habla. Responde siempre a lo que le dicen y se deja llevar por el hilo de la conversación, como esas personas, tan raras hoy, que son capaces de escuchar a su interlocutor con atención y con perspicacia. Tiene la apariencia de los hombres dóciles, de los sumisos, pero tal vez lo que llamamos sumisión se asemeja mucho al desprendimiento o al estoicismo. «Fortaleza o dominio sobre la propia sensibilidad»: así define la Real Academia el estoicismo. Como Zuckerman cuando vivía apartado de Nueva York y de la excitación de la vida en su casa de Massachusetts, Antonio contempla la ceremonia de la modernidad como si fuera una representación teatral o un espectáculo de tauromaquia. Con ese desapego apasionado con que se contempla casi siempre el arte. El prisionero de la caverna de Platón mira hacia las sombras que se proyectan en la pared y cree que esa es la realidad. Antonio, en cambio, sabe que no, que esas sombras son solo sombras de algo que no podemos contemplar y que por lo tanto no tiene sentido echar de menos. Todos los esfuerzos inútiles, como dijo Ortega, conducen a la melancolía, y la melancolía es un estado de pesadumbre. La pasión es una compostura necesaria, pero hay que saber domeñarla.

Al salir de Lousada de Samos, en un ángulo de la carretera desde el que se divisa la lejanía solitaria de árboles cuyo nombre desconozco y de un horizonte escondido por la orografía, detengo el coche en el arcén y me bajo para cavilar. Durante un instante siento el deseo de que me atrape una nave espacial y me transfigure. Pienso en Gregorio Samsa, que se despertó un día transmutado en cucaracha, y en Antonio, que vio a maestros extraterrestres y comenzó a sentir de repente una pulsión inquebrantable hacia los minerales. No todas las metamorfosis son beneficiosas. Nadie quiere ser un insecto. Y nadie quiere, si de su voluntad depende, perder de la noche a la mañana mujer, hijos y hacienda, y convertirse en un apestado al que todos creen loco, en un excéntrico que sale al monte a recoger piedras para sentir su calor. Seguramente la oruga –si se me permite emplear una metáfora demasiado ñoña y manoseada– tampoco quiere transformarse en crisálida y en mariposa. Es fea, se arrastra, tiene un tacto frío y repugnante, pero no sabe qué estado tendrá después de haber roto ese esqueleto. No sabe si será mariposa o murciélago, si su aspecto embelesará o despertará aún más repulsión.

Esa incertidumbre es la que sienten las personas atrapadas

en la hojarasca del siglo. Quieren salir de la ciénaga en la que viven, pero no tienen el convencimiento de que al hacerlo puedan encontrar una tierra seca y soleada en la que tenderse. El miedo les paraliza: la oscuridad del porvenir. Necesitan una nave espacial que les obligue a emprender la marcha. Ya se ha hablado muchas veces de la etimología griega de la palabra «crisis», que deriva del verbo «krinein», cuyo significado es «separar» o «decidir». En chino mandarín, esa misma palabra, la palabra «crisis», consta de dos caracteres caligráficos, cada uno de los cuales tiene por separado un significado propio: uno significa «cambio» y el otro «oportunidad». Primero, por lo tanto, hay que separar, romper algo. Luego hay que decidir qué mitad o qué parte de lo que ha sido dividido se desea conservar. Hay que decidir si se desea conservar algo o si lo que se ha roto debe quedar definitivamente roto. Y por último hay que aprender a encontrar la luz: buscar la oportunidad que se ofrece después del desmoronamiento.

Las reflexiones verdaderas acerca de la felicidad siempre son sencillas. Cualquier arquitectura intelectual que trate de trazar atajos para explicar cuáles son los cimientos en los que se sustenta resultará inútil o pedante. Hay acuerdo desde hace siglos en que la sabiduría y la felicidad son caminos antagónicos (lo cual no es óbice para que pueda hallarse una especie de felicidad singular en la sabiduría). Conocer los mecanismos de la vida a través de la ciencia o del arte, apartar los velos de la maquinaria que nos mantiene en pie, desenmascarar las supersticiones o las creencias candorosas, descubrir las tramoyas de los escenarios que pisamos es categóricamente desolador. Por eso es tan doloroso el tránsito de la adolescencia: se deja de creer en la magia y se comienza a mirar el mundo; se cae la piel de la serpiente. La felicidad es una idea abstracta que deja de tener sentido desde el momento mismo en el que se tiene conciencia de la muerte. En una ocasión le preguntaron a Bertrand

Russell qué preferiría si le dieran a elegir entre saber más o ser feliz. Él respondió: «Es extraño, pero preferiría seguir aprendiendo». Es extraño, pero deseamos seguir aprendiendo. Queremos conocer la maquinaria y las tramoyas, desvelarlo todo, y esa determinación, que nos hace humanos, nos hace al mismo tiempo desdichados.

No voy a seguir desfigurando mi razonamiento: desde el primer instante creí que la niña del Amazonas era bienaventurada –si acaso lo era realmente– porque no tenía la sabiduría suficiente para dejar de serlo. Por su edad, aún confiada, pero sobre todo por la estrechura de su universo. A medida que va agrandándose el mundo que conocemos, se estrangula la capacidad que tenemos para disfrutar de él. Hablando de este asunto, Fernando Savater cita a un filósofo alemán que usaba el cuento «La princesa y el guisante» de Andersen para explicar ese enflaquecimiento paradójico de nuestra mansedumbre: si vivimos en el Amazonas podemos dormir a pierna suelta en un jergón de paja bien esparcida, pero a medida que vamos acostumbrándonos a dormir confortablemente en colchones mullidos nos volvemos más insatisfechos con el sueño, y si acaso llegamos a reinar en un palacio somos capaces de notar un guisante debajo de diez colchones. Esa insatisfacción, la insatisfacción del guisante, es la que nos pudre siempre.

Hace años que vengo examinando y catalogando con espíritu de taxónomo o de conservador de museo esas naderías que amargan a la gente que me rodea y a mí mismo. Son pequeñas perturbaciones, trances sin sustancia, banalidades. Guisantes. Para quienes los sufren, sin embargo, se convierten en el padecimiento más terrible. No provocan contrariedad o desagrado, sino neurosis. Causan depresiones clínicas, desmoralización, suicidio. A una mujer comienza a encanecérsele el pelo a los cuarenta años y se siente vieja, malograda. Cada vez que, al crecerle un poco, ve la sombra blanca de las raíces, se echa a llorar. Se da tintes, pero no consigue olvidar que debajo de las anilinas hay decadencia. Un escritor se encierra en su casa durante muchos días porque un crítico al que no conoce –o al que conoce y menosprecia– ha hecho una reseña rigurosa o simplemente tibia de su última novela. Duerme mal, no puede concentrarse. Le lleva la cólera, a ratos, o la humillación. Siente resentimiento, pero también frustración: su gran genio literario es imperfecto. Un hombre de cuarenta y muchos años se mira, en el vientre, la gordura. Ha tenido durante toda su vida un cuerpo atlético, criado en el gimnasio, y ahora, sin que haya otras causas que la edad, tiene una carnosidad redonda, una suave plegadura en el abdomen. Esa corpulencia, sin embargo, le seca el pensamiento. Solo atiende a su figura. Contiene la respiración, compra ropa grande, duerme bocabajo. Un joven universitario, esforzado y brillante, siente celos de un compañero que ha sido elegido por el profesor a final de curso para participar en un proyecto de investigación. Durante todo el verano se tortura con la idea de su fracaso. Toma en consideración la posibilidad de abandonar los estudios, a pesar del entusiasmo que siente por la disciplina. Rompe con su novia, se aparta del mundo. Otro joven algo mayor no encuentra trabajo y no tiene por lo tanto ingresos personales. Sigue viviendo de la beneficencia de sus padres, que además de mantenerle le dan dinero para sus gastos. No puede, sin embargo, comprarse demasiada ropa ni cambiar de teléfono móvil, lo que le acompleja ante sus amigos de siempre, que, de una u otra forma, han encontrado acomodo laboral y tienen ahorros. Le preocupa el desempleo, por supuesto, pero de un modo irracional: lo que realmente le atormenta es no poder estar a la altura social de sus amigos. Comienza a poner excusas para no acudir a sus reuniones. Deja de verles. Se queda solo. Una mujer, al morir su padre, pierde en el reparto de la herencia un mueble antiguo con el que tenía un vínculo emocional muy grande. Su hermana también lo quiere y lo echan a suertes. Gana su hermana, y ella finge resignación e impavidez, pero empieza a alimentar el rencor. A partir de ese momento, solo piensa en el mueble. Cree que los recuerdos de sus padres están unidos a él y que flaquearán por su ausencia. Hace responsable a su hermana. La acusa, en silencio, de haber actuado por envidia, pues ella no deseaba el mueble ni tenía con él ningún lazo sentimental. Deja de ir a su casa, primero. Luego deja de llamarla. Por fin, no responde a sus llamadas.

Existe una grotesca relación de fobias reales –clasificadas clínicamente y desarrolladas por lo tanto por individuos de carne y hueso– que prueban que el cerebro humano es un desagüe. La bromidrosifobia, por ejemplo, en la que el paciente siente aversión al olor corporal propio o ajeno. La cainofobia, en la que siente aversión a lo nuevo. La diquefobia, en la que siente aversión a la justicia y rechaza, en consecuencia, los actos equitativos y honrados. O la eufobia –aversión a las buenas noticias–, la falofobia –aversión a tener una erección–, la macrofobia –aversión a las esperas prolongadas– o la pupafobia –aversión a los títeres–. La más extraña de todas, a mi juicio, es la uranofobia: la aversión al paraíso. Aunque tal vez esta última no resulte muy problemática, porque no está documentada la existencia del objeto de la fobia, al menos en esta vida terrenal.

Yo mismo he contado ya muchas veces mi patología sensorial con los ruidos, que, sin llegar a esos extremos bufos, tiene un notable grado de singularidad. En determinados ambientes, no puedo concentrarme si no hay un silencio casi absoluto. En la casa en la que vivo, además, soy capaz de detectar y de percibir sonidos –reales, no inventados– que nadie más parece escuchar, salvo que se les obligue a pegar el oído, y que me aturden: el zumbido intermitente de la maquinaria del ascensor, el eco de músicas en una vivienda apartada, las reverberaciones de la canalización del agua o del vaciado de una cisterna, el rumor de una televisión encendida en alguna parte del edificio, el ronroneo del motor del frigorífico o el chiflido impreciso de algún aparato que diríase que está encerrado entre los muros. Tengo un mapa mental de los sonidos de la casa y me muevo por ella permanentemente advertido y en guardia. Debo repartir mi atención siempre entre la tarea que estoy haciendo —escribir una novela, leer, picar verduras para la cena— y la vigilancia de los ruidos que me rodean. Los siento como invasivos; saqueadores. Se convierten en algo más que un mero fastidio: en una desazón violenta. Oscurecen el resto de los aspectos de mi vida. Da igual que haya tenido un éxito profesional, que vaya a realizar un viaje fascinante, que mis relaciones afectivas sean venturosas y que mi salud sea robusta. La persistencia del zumbido lo devora todo, lo disuelve o lo quebranta. El guisante bajo diez colchones. Bajo cien colchones. Bajo todos los colchones que fuera capaz de apilar para hacerme el reposo más benigno. Al tumbarme sobre ellos notaría la forma del guisante.

La mujer a la que se le emblanquece el pelo, el escritor al que le hacen una crítica mediocre, el hombre que tiene una pequeña gordura en el abdomen, el estudiante relegado por su profesor, el joven que no puede comprarse ropa de moda, la hermana que perdió el mueble de la herencia de sus padres y yo nos desmoronamos por insignificancias. No sufrimos una enfermedad incurable, no se ha muerto uno de nuestros hijos, no hemos sido expulsados del trabajo a los cincuenta años, no vivimos a la intemperie, no estamos presos ni soportamos deudas asfixiantes, no tenemos que mendigar para comer. Hay una cantidad casi infinita de males atroces que justifican fundadamente el dolor y la amargura. La guerra, la muerte de un ser querido o el augurio de la propia, la miseria, el desamor, la enfermedad. Nos mortifica, sin embargo, el guisante.

Al contemplar en aquel silencio ese laberinto de campos en pendiente y de bosques tupidos, me acuerdo de una frase de Horacio que me sugestiona desde hace tiempo: «Aquellos que cruzan el mar cambian de cielo, pero no de alma». Estoy buscando en aquellas sierras montañosas un lugar para extraviarme, para desprenderme de las excrecencias pestíferas que me han ido creciendo a lo largo de los años en el cerebro como si fueran pequeños tumores o tumefacciones. Pero no estoy seguro de que ese lugar que busco exista.

Se cambia de tierra, se cruzan océanos, se escalan cordilleras, pero, como decía Horacio, no se muda de alma. La salvación no es un proceso geográfico, sino místico. No basta con encerrarse en una quebrada o en un valle ni con habilitar una casa desde la que se vean el Pacífico o Los Ancares. Hay que convertirse en cucaracha antes. Viajar a Orión y aprender de maestros alienígenas. Sufrir una transformación drástica.

Antonio Bello se fue de Fuerteventura cuando ya había mudado de piel. Tal vez ya antes había sentido la necesidad de cambiar de hábitos, de apaciguar el ritmo de sus actos o de desprenderse de ciertos sometimientos materiales, pero no lo hizo hasta que una nave espacial le llevó durante una noche a algún lugar del universo en el que descubrió los arcanos de la vida que ahora transmite.

Hace pocos meses volví a encontrarme en Madrid con Sonia, una ejecutiva de cuentas de la agencia de publicidad con la que yo trabajaba cuando era editor de fascículos. Mientras recordábamos aquellos tiempos, me contó, primero en medio de la calle y más tarde en la barra de un bar, su historia, que yo solo conocía a pedazos. Es una historia ordinaria, sin demasiado brillo narrativo. Sonia había nacido en Huelva, había estudiado en la Universidad de Sevilla y al terminar se había venido a vivir a Madrid deslumbrada por el bullicio profesional de la ciudad. Quería triunfar, hacer publicidad revolucionaria. Eran tiempos de bonanza y encontró trabajo enseguida. Un año después la contrataron en la agencia en la que yo la conocí. Se echó un novio también andaluz y se fue a vivir con él. Como todos los ejecutivos de cuentas, que tienen que hacer méritos ante el cliente y ante sus jefes, trabajaba en exceso. Al principio diez horas, luego doce, a veces hasta dieciséis. Si había un rodaje de un *spot* complejo, se echaba la madrugada encima enseguida, y luego, al día siguiente, había que levantarse temprano para comenzar la postproducción. Sonia no era infeliz. Estaba permanentemente nerviosa, inestable, y sufría insomnio porque siempre le daba vueltas en la cabeza a las tareas pendientes que quedaban por hacer: bocetos, artes finales, *copys*, *story boards*, copias de emisión, planes de medios. Pero afrontaba todo ese trabajo con ánimo. Era el sueño de su vida. Trataba de atender lo mejor posible a su novio y, aunque no se veían mucho, al menos dormían juntos. Sonia asegura que ella no tenía conciencia de que estuviera pasando nada. Se consideraba a sí misma uno más de los trabajadores que tienen que emplearse a fondo para salir adelante y hacer carrera. Un buen día, sin embargo, al regresar a casa después de una jornada agotadora en la que el cliente había desechado con desprecio todas las propuestas creativas que se le habían mostrado para una campaña televisiva, Sonia se encerró en el baño y se puso a llorar. Como si tuviera que desanudar con lágrimas alguna soga atada alrededor de sus arterias o de sus vísceras, estuvo llorando a solas durante una hora, sentada en el suelo junto al bidé. Ese desahogo histérico volvió a repetirse en las siguientes semanas, cada vez con más frecuencia. Tomó la decisión de restringir sus compromisos, de cambiar de trabajo o de reservar al menos un espacio privado para sí misma.

Fue en esa época cuando a su novio, que la veía sufrir y peleaba con ella por sus desatenciones y sus desaires, le diagnosticaron un cáncer. Leucemia. Le dijeron que podría curarse, pero no se curó. Durante varios meses luchó contra la enfermedad. Se dejó administrar las inyecciones químicas, fue dócil con las disposiciones de los médicos. Tuvo, incluso, el afecto cercano de Sonia, que abandonó su obsesión estajanovista y se dedicó a cuidarle. Al final, murió. Murió en una agonía larga, con dolores terribles que ella podía verle en la pupilas cuando se despertaba gritando en mitad de la noche. Esa fue su nave espacial. Convertida en cucaracha o en cualquier tipo de insecto gigantesco, Sonia renunció a su empleo en la agencia y regresó a Huelva. Asegura que durante los primeros meses de aquel retorno tuvo sentimientos contradictorios: por un lado, la tristeza desconsolada de la viudez; pero, por otro, el alivio extraordinario de su libertad profesional recobrada. Era como si dos estados depresivos se entrecruzaran: uno en avance y otro en retirada. Durante muchas semanas estuvo sin hacer nada. Se iba a la playa por la mañana a pasear. Quedaba a media tarde con amigos de juventud para beber cervezas. Leía novelas, madrugaba poco, dormía siesta. Veía programas de televisión grotescos y películas antiguas. Al cabo de un tiempo, encontró trabajo en una televisión local. Ganaba poco dinero —el suficiente para vivir con cierto decoro, compartiendo piso con una de sus hermanas— y no tenía un futuro prometedor ni una carrera halagüeña por delante, pero ya nunca lloraba por las noches.

La enfermedad, la muerte. La experimentación del dolor en su estado de máxima pureza, en pócima. La intemperie. El abismo. Solo al atravesar algunas fronteras extremas, al cruzar rubicones y estigias, nos damos cuenta de nuestra fragilidad y de lo insustancial de la mayoría de nuestros empeños. Antes de cruzar esas orillas, perseveramos en nuestras aberraciones e incluso intentamos educar a los demás en ellas.

En los días en los que viajé por esa parte de España en busca de naves espaciales y de guisantes reblandecidos que poner bajo mis colchones, llevaba en mi maleta la novela de Andrés Neuman *Hablar solos*. En ella, uno de los personajes dice: «... yo no sé para qué carajo les enseñamos a nuestros hijos a comportarse como nosotros, si ya sabemos que no somos felices». ¿Sabemos que no somos felices o sabemos que no podemos llegar a serlo? No todas las historias son tan ejemplares como la de Sonia. La mayoría de las personas tiene biografías más templadas. No le pregunté en profundidad a Antonio Bello por sus recuerdos de Fuerteventura, pero tal vez era un hombre serenamente dichoso. Porque hay una conclusión que nunca nos atrevemos a sacar en nuestras cavilaciones: la de que nuestro malestar con el mundo no es consecuencia de la deshumanización de la ciudad, del trabajo riguroso o de la filosofía depredadora de nuestro tiempo, sino de la propia vida. De que conocemos cosas que no pueden olvidarse y de que, como Bertrand Russell, deseamos seguir aprendiendo otras más desoladoras.

Antes de subirme de nuevo al coche para seguir camino y tratar de encontrar a las mujeres que lavan en el río, me acuerdo de repente del rostro huesudo del tío Martín y de su sonrisa desdentada y pródiga. Quizás en aquellos tiempos el río Amazonas atravesaba todavía España.

Continúo el viaje hacia Sarria, pero parece una región desierta. A la entrada de San Román veo a algunas mujeres en el campo, en grupo, recolectando o haciendo tareas agrícolas que no sé reconocer. En la aldea, sin embargo, no encuentro a nadie. Tiene una iglesia pequeña y bien cuidada. Las casas, como siempre de piedra, están casi bruñidas. En los prados hay vacas pastando. Todo tiene el aire del bucolismo clásico.

Furela es más grande. Las trazas arquitectónicas están pulcramente conservadas, pero en las calles ya puede adivinarse un descenso a los infiernos: bostas de vaca, desorden, suciedad. Hay un olor lácteo muy intenso que me hace pensar que quizás exista una industria en el lugar. No veo a nadie, no hay rastros de vida humana.

Perros es la antesala del infierno. Su nombre resulta elocuente. Cuando llego, hay una niebla baja que, a pesar del sol, lo desvanece todo. La sensación de despoblamiento es aún más aguda. Las calles de la aldea no solo están sin asfaltar, sino que crece en ellas una maleza salvaje que las hace intransitables. Esa brutalidad de la vegetación en mitad de la piedra me parece hermosa: es como si la naturaleza abrasara y, sin respetar nada, tallase la obra del hombre para perfeccionarla. Incluso la naturaleza muerta, como esas yedras secas que se han quedado pegadas a algún muro, posee una belleza inexpresable. Muchas casas están derrumbadas, y en su interior, igual que en las calles, crece un rastrojal sin ley. Hay dos que se venden: ruinas sobre las que levantar un hogar. En un extremo de la aldea, adonde llega la carretera, se levanta una de esas casas chabacanas e improcedentes que pueden encontrarse en todas las latitudes del planeta. Son imitaciones almidonadas unas de otras y están –como en Perros– a contrapié del paisaje y del entorno. «Las casas de Julio Iglesias», las llama Yuma: tienen ese aire pretencioso de mansión de Miami, con sus verjas forjadas y sus tejados de cuatro aguas, con sus muros pintados de colores pastel y sus porches con balancines. El mal gusto de los lechuguinos de ciudad ha destrozado muchos campos. En Perros, con aquella niebla irreal y con ese olor a mierda que viene del suelo, la casa de Julio Iglesias parece algo grotesco, una mamarrachada ridícula.

Remonto el camino frondoso y oscuro y me detengo en Aguiada, allí cerca. Es otra aldea –otro conjunto de casas tal vez privadas de entidad municipal– pequeña y sucia. Tiene un bar, lo que me hace pensar que, en aquella ruta casi desabastecida, donde no he visto apenas tiendas, es un lugar de progreso, un oasis rural.

Llegó a Sarria –un gran pueblo de pincelada fea– sin haber visto mujeres en el río. Sin haber visto apenas mujeres ni hombres. Con la excepción de Perros, además, he encontrado un país bastante aseado, un país en el que las aldeas tienen todas las acometidas urbanísticas lustrosas y pueden llevar una vida decorosa. Resulta paradójico que la emigración campesina se haya multiplicado justamente en los años en los que las inversiones rurales han llevado a todos los rincones de España la dignidad. Ahora, quien tiene que ir en mitad de la noche a las cuadras para hacer de vientre o quien se baña en tinas de latón calentando el agua en el fuego o quien se alumbra con lámparas de gas es porque tiene voluntad de hacerlo.

Al cabo, yo mismo, que estoy buscando un lugar extraño donde la pureza sea aún posible, elijo Sarria para pernoctar. Podría haber hecho noche en alguna casa rural de una aldea perdida y haber salido de madrugada a rondar para comprobar la veracidad de mis teorías, pero ni siquiera he sido capaz de adaptarme durante la fase experimental. En Sarria hay bares, gente que pasea por las calles, restaurantes llenos en los que el público ve por televisión un partido de fútbol de la Liga. Es una vida urbana costumbrista, de baja estofa, pero después de una jornada entera pisando pueblos en los que no había apenas rastro humano, en los que los visillos de las ventanas ni siquiera tenían una luz amarillenta, me calma. Y allí, como si fuera una fábula, me ocurre algo que me descarría de nuevo. Me siento en un mesón a cenar algo. Llevo el cuaderno en el que he estado tomando notas y, después de elegir los platos, me pongo a repasarlo. El ambiente es ruidoso, vocinglero, pero justo detrás de mí, sentado también en una mesa, hay un hombre que habla a gritos. Al principio me asusto. Me vuelvo discretamente para verle. Tiene más de cuarenta años, está vestido con ropa de saldo y sostiene en la mano un cigarrillo de liar sin encender. Con él está una mujer más joven a la que apenas se oye cuando le responde. Hablan de la relación sentimental de otra mujer, a la que más tarde, en la prolijidad de la conversación, puedo identificar: es la hermana de ella. Al hombre voceador le parece que debe divorciarse. Su marido, al parecer, le es infiel desde hace tiempo, pero lo que resulta grave es que en los últimos tiempos los cuernos se los haya puesto con una puta, con una señora ya madura cuyo historial erótico es famoso en toda la comarca. La hermana de la mujer ha hecho bien en aguantar hasta ahora los adulterios —«Es la cosa de muchos hombres, ya lo sabes», dice él. Y enseguida se disculpa para que no haya malentendidos: «A mí no me pasa, en eso soy un bicho raro»—, pero lo de la puta ya es intolerable. Una humillación.

Yo cierro el cuaderno y escucho. Me traen el caldo gallego, primero, y la ternera en salsa, luego, y mientras como sigo escuchando. Como yo, hay en la sala varias personas más, que han suspendido sus conversaciones privadas o sus meditaciones para descubrir la historia de la hermana engañada. Al principio la situación me parece pintoresca y divertida. Estoy tentado de volver a abrir el cuaderno y tomar notas para otro libro (alguna novela, un relato breve). Pero a medida que va pasando el tiempo y el hombre continúa con sus verbosidades groseras comienzo a sentir un malestar casi físico. Los chillidos impudorosos, articulados como si estuviera en mitad de un desierto, a solas, sin compañía humana, me exasperan. Me doy cuenta de que no hay exhibicionismo, sino pura rudeza: desprecio por la convivencia social, egolatría. La brutalidad de los comentarios, además, me encoleriza: «Una tía que ni siquiera tiene las tetas bien puestas», «Qué más cojones le da a tu hermana, si solo sabe cuidar de los niños», «Siempre ha sido un poco tonta, aunque eso no tiene por qué ser un defecto».

Sarria no es Nueva York, pero me acuerdo de golpe del Zuckerman de Philip Roth. He ido buscando el cobijo humano, el calor de las voces de otros, la luz compartida, el vino bebido en compañía, y me he encontrado la bestialidad animal, la estolidez engreída. He estado durmiendo en casas rurales de pueblos vacíos, y al caer el sol he cenado en silencio, haciendo examen de conciencia. Mi brutalidad y mi estolidez ya las conozco, y vanidosamente creo, además, que no pueden compararse con las de algunos hombres con piel de acémila, como ese al que escucho en el mesón. Termino la ternera y no tomo postre. Pago la cuenta y me voy de allí furioso, soliviantado. En Sarria ya es de noche. Camino hasta el hotel haciendo cavilaciones metafísicas. Es cierto que aquellos que cruzan el mar no cambian de alma, aunque cambien de cielo. Pero no es menos cierto que todos los cielos son iguales: plomizos, chubascosos, turbulentos. Antes de acostarme preparo la ruta del día siguiente, como hago siempre. Esa noche, sin embargo, me duermo sin saber qué estoy buscando. Aldeas o ciudades. Mujeres que laven en el río o putas con el pelo teñido. Lugares solitarios u hombres vociferantes y cretinos.

En Sarria cambio el rumbo hacia el noreste para regresar a Los Ancares, donde debo visitar a varias personas que se esconden allí del mundo. De camino, mientras serpenteo de nuevo por carreteras estrechas y encajonadas, asomándome a veces a pequeños abismos, me acuerdo de los lugares recónditos que he recorrido y de lo semejantes que son las reglas de la naturaleza en todas partes. En los Alpes japoneses, situados en el oeste de la isla de Honshu, hay un valle casi impenetrable –penetrado ahora por decenas de túneles viarios– que servía de refugio en la época de los samuráis a los huidos de la justicia, a los clandestinos y a los perseguidos. Es un territorio en el que las montañas se van encaballando como si trataran de devorar a los viajeros. Las laderas tienen una espesura boscosa inverosímil, pues parecería que a las raíces de los árboles no les queda espacio para crecer. En el centro de ese farallón imponente, que resguarda de todo, está el valle de Shokawa, donde una o dos aldeas recibían a los fugitivos. Los campesinos, cómplices o no, acogían a aquellos que se marchaban de la lucha, que renunciaban a la disputa de sables o a la concordia palaciega. Había caudillos derrotados y simples malhechores que tenían cuentas con la ley. Gente que, al llegar a ese finisterre, al dar la espalda a la civilización y apartarse de los negocios humanos, se redimían. El guerrero dejaba de intrigar en los asuntos políticos y el forajido no sentía la tentación de seguir robando. Como Nathan Zuckerman. Como Antonio Bello. Como algunas de las personas a las que voy a encontrar en este escondrijo.

Según cuenta Secundino Serrano en su libro sobre los maquis, en esta región, como en todas las regiones peñascosas de España, operó la guerrilla antifranquista. Piedrafita de Cebreiro, Fabero, San Antolín de Ibias o Carucedo son localidades que están en el trazo de mi ruta y que fueron núcleos guerrilleros. Fue en esta zona, en la sierra del Eje, en el cruce fronterizo entre León y Lugo, donde se fundó la primera organización guerrillera de la posguerra. Las historias que Secundino Serrano esboza, en las que el bandolerismo, la lucha por la supervivencia y el amotinamiento político se confunden a veces, poseen ese aroma romántico que en el fondo tan poco tiene que ver con la realidad: frío, muerte, persecuciones, hambre, traición, aislamiento, miseria. El paisaje hermoso que yo miro desde el coche puede llegar a ser patibulario. Habrá sido tumba de muchos hombres. En sus campos, convertidos en humus, permanecerán enterrados cientos de esqueletos.

Antes de llegar a Coro, en la sierra de Linares, paso por Piornedo, un pueblo turístico lucense que conserva un buen número de pallozas, las construcciones tradicionales de la zona que han ido desapareciendo con el paso de los años. Yuma ha sido uno de los grandes luchadores por su preservación. Ha hecho inventario de las que quedan en pie, ha contribuido a su defensa y ha peleado para que los poderes públicos protegieran y apoyaran económicamente la restauración. «Una palloza constituye toda una forma de vida», dijo en una ocasión.

Las pallozas son construcciones ovaladas o circulares parecidas a las que pueden encontrarse en el poblado galo de Astérix, como señalan humorísticamente algunas guías. Sus muros exteriores son bajos, erigidos a menudo en desniveles del terreno, y sus tejados cónicos de paja resultan majestuosos. Servían de vivienda y de cuadra para el ganado al mismo tiempo, lo que les obligaba a tener una distribución interior singular. Su descripción arquitectónica demuestra, como decía Yuma, que constituyen sin duda una forma de vida. Además de establecer esa convivencia cercana entre los hombres y las bestias, las pallozas tienen —como la mayoría de las casas rurales antiguas, que no resolvían bien algunos problemas constructivos— ventanas muy pequeñas, lo que convierte la vida cotidiana en una penumbra. En el centro de la casa estaba el hogar, el calor del fuego, pero, al no haber chimenea, el humo se elevaba sobre el espacio del cono y salía por un agujero habilitado en el vértice. La palloza, oscura, quedaba anublada.

Piornedo es un pueblo pulcro y bien engalanado. Hay grupos de turistas por las calles, pero una mujer que vende embutidos de la comarca me cuenta, con gesto amorriñado, que en invierno las condiciones son muy duras y desaparece todo ese esplendor viajero. La prestancia otoñal de sus calles, con las pallozas restauradas, con casas casi de postín y con una iglesia en lo alto que parece construida para completar un decorado pintoresco, se esfuma. Cae, junto a la nieve, el silencio. Y esos meses transcurren en la sombra, como la vida de las pallozas.

Coro, como muchas otras aldeas pequeñas de España, no aparece en los mapas de carreteras. Hace falta buscar una cartografía específica para encontrarla. Está atrapada entre montañas, en una especie de angostura. Tiene un puñado de casas y ocho habitantes. Uno de ellos es Lolo, un hombre extremeño que emigró con su familia a Madrid en busca de fortuna. Vivió durante muchos años en *la civilización*, ejerciendo el oficio de jardinero, y formó allí su propia familia. Pero un buen día decidió huir a algún rincón donde pudiera llevar una vida sin sobresaltos. Regresar a lo primitivo. Convenció a su mujer de que se fuera con él, de que serían felices en una tierra tranquila y apartada. No conozco bien su historia, pero imagino que, igual que Antonio o que yo mismo, se sentiría devorado por los gérmenes del dinero, de los compromisos sociales, del tiempo fugaz de la ciudad y de la gravedad inacabable del asfalto negro.

Se marcharon juntos. Anduvieron dando vueltas por distintos puntos de Los Ancares, de aldea en aldea, buscando el paraíso a su medida. Ella no aguantó esa vida. No aguantó el silencio y el frío. No aguantó la soledad que se pega al cartílago de los huesos. El amor no fue suficiente para retenerla allí.

(El amor, por lo demás, es siempre fácil de roer, como se sabe: aguanta con mal talante el hambre, las privaciones y el fastidio, a pesar de que su fama diga lo contrario.) Lolo, en cambio, se quedó. No era capaz de regresar a la ciudad y de enfrentarse de nuevo con el tumulto. Tampoco para él el amor fue suficiente. Siguió dando vueltas hasta que llegó al valle de Rao y encontró Coro. Se dio cuenta de que ese era su paraíso, el sitio que había estado buscando. Y decidió instalarse allí.

En Coro y en la comarca se dedicó a sus labores de jardinero, para quien las demandara, y a cultivar la tierra. Quizá también trató con ganado, aunque en la aldea ya no queda nada. Comenzó a viajar a ferias y mercados por la región para comerciar con sus productos, y fue en una de esas ferias donde conoció a Carmen, una chica de Xove, un pueblo de A Mariña lucense. Se enamoraron, se volvieron a ver en ferias y en citas programadas. Hasta que ella se fue a vivir con él a Coro.

Carmen podría ser la encarnación gallega de Lisbeth Salander, la famosa *hacker* inadaptada de las novelas de Stieg Larsson. La encuentro en la puerta de casa, hablando por el teléfono móvil, y le pido que me explique cómo llegar a casa de Lolo. «Esta es la casa de Lolo», me dice con una voz que tiene esa dulzura melancólica de la tierra. «Ahora se ha tumbado a descansar un poco.» Me invita a un café y acepto. La aldea, a esa hora de la sobremesa, está sigilosa, aunque los ladridos de los perros –que me han perseguido desde el coche– atruenan.

Va vestida con una sudadera y lleva la capucha puesta, como los adolescentes modernos. Cuando se la quita, asoma un corte de pelo en cresta, con los costados de la cabeza muy rapados. En una de las orejas tiene un pendiente grande, llamativo. Está en la treintena, y si la fotografiaran fuera de ese entorno, con un fondo neutro, podría ser tomada por una alborotadora urbana o por adepta de una de esas tribus uniformadas que se reúnen en las grandes ciudades para compartir la rebeldía. Carmen, sin embargo, es lo contrario de todo eso. Usa ese pelaje por razones estéticas, pero su mundo es sosegado y rural. Lo único que la emparenta un poco con algunos de esos jóvenes desobedientes y bullangueros es la compulsión con la que fuma.

Carmen prepara un café de puchero y nos sentamos a tomarlo en la sala de estar de la casa. Lo endulzamos con miel que preparan en el pueblo, y entonces, aprovechando esa explicación, se afana en un elogio a los vecinos de Coro, que constituyen, según ella, la razón más poderosa para vivir allí. Son todas personas mayores que emigraron en tiempos a Barcelona o a Francia y que ahora, después de jubilarse, han regresado a su terruño. Tienen una convivencia de familia. Las casas están siempre abiertas, y si Carmen necesita coger algo de una de ellas no debe esperar a que esté su dueño: entra y lo coge. Lolo y ella no tienen tierras, pero ayudan en las faenas a los vecinos que sí las tienen y toman de la cosecha lo que les hace falta para alimentarse. Lo que Carmen describe tiene un aroma a comunismo primitivo que enternece: el bien común, la distribución de la riqueza, la vida sin conflictos.

Parece ya indiscutible que el mundo del siglo XXI es un mundo nuevo, cualitativamente distinto. Han desaparecido las distancias. Ha desaparecido la lentitud. Ya no existen lugares donde no se escuchen los ecos de otras partes inmediatamente y donde la sensación de marcharse o de llegar no sea un acto irrelevante, mecánico, acostumbrado. Carmen dice que ellos han vivido el final de una época. «El final de una época», repite con un énfasis de voz muy baja. En los últimos años Coro se ha transformado. Parte de su belleza antigua estaba ligada a la inaccesibilidad. Llegar hasta allí era difícil, y ese estorbo del camino servía de preservación.

Carmen recuerda que antes había en el pueblo vacas, cerdos y una burra que servía para cargar. Los caminos vecinales y las fuentes estaban limpios en buena medida por la acción del ganado y por la vida palpitante que había en la región, ya fuera verano o invierno. Los castaños florecían, había un paisaje diligente y hacendoso. Todo eso ha desaparecido. «Hoy he estado en un soto de castaños en el que se hacía antes la fiesta del pueblo y casi no se ve», cuenta Carmen con tristeza. «Hay un gran zarzal que ya nadie limpia, que no tiene sentido limpiar.» Y repite una vez más: «Hemos vivido el final de una época».

Ahora sienten incluso la vecindad de los osos, que dejan huella. A uno de los vecinos le destrozaron las colmenas. El año anterior, Carmen y Lolo vieron una osa con una cría por Miravalles, y este año se comenta que ha sido vista otra. Los lobos también se están acercando a los pueblos. A un paisano de la comarca le atacaron el rebaño hace poco, y otro vio cómo la loba y sus lobeznos se estaban comiendo un ternero. Hace tiempo los lobos estaban más presionados por el hombre. En Coro, cincuenta años atrás, había ciento cincuenta vecinos, cada uno con sus animales y con sus tareas agrícolas. Ahora son solo seis, y ese espacio que ha cedido el hombre lo conquistan inmediatamente las bestias. Los lobos se acercan mucho a los pueblos, casi pasean por ellos. Unos días antes de mi visita han matado a dos mastines y hace pocas semanas se encontró a un San Bernardo lleno de dentelladas. Como en todas las mutaciones medioambientales, hay efectos positivos: las cosechas de patatas que plantan algunos lugareños, desbaratadas muchas veces por las correrías de los jabalíes, ahora aparecen intactas, pues los lobos controlan toda la parte alta de los montes y los ahuyentan o los matan.

La reserva de la biosfera está a solo treinta kilómetros de Coro, y los cambios de la naturaleza hacen que los espacios se desplacen. Carmen habla con familiaridad de los osos, los lobos, los corzos y toda una fauna que a alguien de ciudad puede parecerle casi mitológica. Carmen seguramente no tiene estudios especializados de ningún tipo, pero como al desgaire me da una lección práctica de los equilibrios de los ecosistemas. Las golondrinas, por ejemplo, no anidan ahora en el pueblo porque hacían sus nidos con las bostas de las vacas y porque podían comer los mosquitos que revoloteaban alrededor de la mierda. Ya nada de todo eso existe y las golondrinas toman otras rutas. Carmen hace que me estremezca con sus explicaciones cuando cuenta, apenada, que también han desaparecido los murciélagos. Antes los había en todas las casas, como si fueran animales domésticos, y ayudaban a limpiar el ambiente de insectos. Yo no puedo reprimir un recuerdo plácido de mi casa madrileña.

Carmen conoce muy bien la región, y hace augurios pesimistas de su porvenir. En menos de veinticinco años, dice, no quedará nadie viviendo en los pueblos. Los últimos habitantes se irán muriendo o se irán marchando. Las casas no serán abandonadas —al menos de momento— porque se ha invertido mucho dinero en ellas y resultan confortables para pasar temporadas. A la gente, además, le gusta ir al pueblo de visita, gastar allí las vacaciones o unos días de descanso. Aunque también eso, en el futuro, tendrá otra delineación: hasta ahora venían en verano a la casa del abuelo, llena de patatas, de hortalizas y de chorizos de la matanza del cerdo, pero ese mundo ya ha desaparecido. Las casas ya están cerradas y frías, cubiertas de polvo, con la despensa vacía.

Mientras escucho a Carmen, me acuerdo de la casa del tío Martín y de la tía Julia, de los sacos repletos de pimientos y de cebollas que nos llevábamos a Madrid cuando yo era niño. Ahora apenas queda rastro de aquel esplendor. Máxima y Angelines, las hijas que heredaron la casa, conservan pequeñas huertas y nos dan con generosidad algún calabacín o alguna lechuga, pero son las últimas de la dinastía. Sus hijos ya no tienen vínculos con Pinarnegrillo, y si alguna vez acuden para descansar un fin de semana, no se les pasa por la cabeza dedicar su tiempo a cultivar la tierra. Cuando los padres mueran o envejezcan tanto que no sean capaces ya de remover los surcos o de ir cada mañana a regar, aquello habrá desaparecido. El final de una época.

A pesar de ser de origen marinero, Carmen no echa de menos su tierra. «Está cerca», dice. «Cuando tengo ganas de ver el mar cogemos el coche y nos vamos para allá.» No se lo digo, pero me resulta revelador que ella misma encuentre ventajas tan evidentes en lo que la apena: la desaparición de la lejanía. El mapa se desvencija, se estrecha. Los límites de lo que puede verse se desvanecen. «Los paisanos dicen que hay que ver la montaña en el mar y el mar en la montaña», explica Carmen riendo. Sin embargo, por mucha agua que le pongan a la montaña, no encontrarán en ella peces, y a veces viajan a la Mariña para abastecerse de pescado.

Lolo y Carmen llevan una vida frugal y no tienen ambiciones materiales. Carmen repite ese dicho budista de que lo que da la felicidad es no desear aquello que no se puede poseer. Tienen una casa humilde, mal acondicionada, y en el pueblo no hay en qué gastar. De vez en cuando van a Ponferrada a acopiar provisiones, pero en invierno, como el puerto de Ancares está a menudo cerrado, enfilan para Lugo, que se encuentra a la misma distancia, una hora y media de coche.

Lolo sigue haciendo algunos trabajos de jardinería en la comarca, pero viven fundamentalmente de la alfarería. Han creado unas piezas que representan una palloza típica, bien compuesta y adornada. Cada una lleva incluso un pequeño bonsái, que se encarga de preparar Lolo. En la sala en la que estamos tomando el café hay varias piezas —siempre idénticas— en diferentes fases de elaboración, y Carmen me explica el proceso de manufactura. Preparar una pieza en crudo les lleva tres o cuatro horas. Luego se esmalta con los engobes y se realiza la primera cocción a mil cien grados. Se saca, se vuelve a esmaltar con los minerales —que darán ese aspecto vidriado que las piezas tienen al final— y se cuece de nuevo, esta vez a una temperatura más alta, en torno a los mil trescientos grados centígrados. El resultado es una casa típica de barro cristalizado en cuya base hay un espacio para grabar lo que se desee. Este año fue la pieza elegida para entregar al ganador de etapa de la Vuelta Ciclista a España que cruzaba Los Ancares.

No obtienen mucho beneficio por sus alfarerías, porque, como dice Carmen, no pueden cobrar por ellas una fortuna si quieren seguir vendiéndolas, pero como las hacen en su propia casa, artesanalmente, y no les generan más gastos que su propio tiempo, que en el mundo rural tiene un valor económico devaluado, los ingresos les alcanzan para vivir con dignidad.

Cuando acabamos el café, Carmen se ofrece a acompañarme a la capilla, que está en lo alto de una cuesta, y me cuenta de camino que hay un cura en el pueblo de al lado que va de vez en cuando a Coro, pero no para dar misa, pues es un cura poco institucional, sino para visitar a los vecinos y cuidar de aquellos que lo necesiten, en el cuerpo o en el alma. Es un cura *rojo* que nunca habla de religión. Su gran pasión —además de Dios— son las abejas, pero no le gusta la miel.

La capilla, como todas las de las aldeas gallegas, leonesas y asturianas, es un pequeño chiscón con un altar. Está cerrada con llave, aunque a través de la cancela puede verse el interior. Los vecinos, al margen de sus creencias religiosas, se turnan para limpiarla, pues la exuberancia primaveral o la hojarasca del otoño se apoderan enseguida de ella. Ese trabajo cooperativo y solidario se manifiesta en todos los órdenes. Como la mayoría de los vecinos viven fuera, Carmen y Lolo, los más jóvenes de los que pasan allí todo el año, se encargan de mantener un poco el lugar para que no lo devoren las zarzas y de hacer lo posible para que los muros, castigados en invierno por la lluvia y el viento, aguanten en pie. En Coro solo hay una casa abandonada, en ruinas. El resto han sido rehabilitadas y tienen condiciones de habitabilidad modernas. Con una subvención pública, se arreglaron hace años los saneamientos y el alumbrado, y aunque aún queda mucho por hacer, el pueblo está ahora espléndido. En los buenos tiempos había allí carpintero y herrero, y por eso las casas han podido conservar –Carmen me señala, me explica– muchas de las estructuras originales de madera o de hierro, lo que las confiere ese aspecto ancestral vistoso.

Mientras regresamos de la capilla, dando un giro para recorrer en círculo el pueblo, nos encontramos con Ramón, un señor de unos setenta años que viste como si estuviera en la ciudad: pantalones de telilla con la raya planchada, camisa blanca, jersey gris de pico. Lleva en la mano una botella de vidrio vacía, y nos explica, después de saludar y de atender a las presentaciones hechas por Carmen, que va a su bodega a llenarla. Habla en gallego, y en un momento de la conversación, cuando ve mi gesto de dificultad, me pregunta si entiendo el gallego. Le digo que no, pero a pesar de eso, como si fuera incapaz de expresarse ya en otra lengua con fluidez, sigue hablando en gallego. No es desconsideración, pues su amabilidad se vuelve casi untuosa, sino tal vez relajamiento. Pedro se fue de joven a Barcelona para salir adelante y ha pasado allí toda su vida. Cuando se jubiló, regresó a Coro para instalarse. «La tierra tira», dice sonriendo con felicidad. Quizás ahora, después de tantos años de impostarse, de hablar en otras lenguas y de mirar un paisaje que no era el que quería mirar, le resulta difícil dejar de comportarse con espontaneidad o renunciar a aquellas cosas que durante tanto tiempo ha echado de menos.

Le pregunto a Ramón de qué modo se va pasando la vida cuando uno está tan lejos del lugar en el que desea estar. No me responde. Se encoge de hombros y vuelve a sonreír. No me atrevo a entremeterme mucho y a investigar si tuvo que marcharse para subsistir –los tiempos del hambre y de la miseria– o para lograr una prosperidad mayor y distinta, una bonanza urbana como las que durante décadas se consideraron ejemplares. Me acuerdo de Beni, que se fue de Riba de Santiuste en busca de una fortuna idealizada que le diera el bienestar y tuvo que regresar algunos años después para curarse allí la desdicha. Quizá Ramón, que no fue despedido del trabajo ni tuvo conflictos económicos graves en Barcelona, se pasó toda su vida soñando con el momento de regresar a Coro. Atrapado en la ciudad por las servidumbres económicas, por las relaciones sentimentales, por los hijos y por los encantadores de serpientes que las hacen salir del cesto y bailar al son de la flauta, permaneció durante décadas en Barcelona, a mil kilómetros de distancia (que, en las carreteras de los años sesenta y setenta, bien podrían parecer dos mil).

No solo se echa de menos la patria pequeña cuando es agraria y pastoril. También es posible añorar las calles de una ciudad bulliciosa y abrumadora, el cemento, el ruido de los coches. En realidad lo que añoramos es siempre lo que tuvimos. Por eso quien, habiendo nacido en Barcelona –o en Madrid, o en cualquier ciudad–, se marcha a Coro persiguiendo la serenidad de espíritu y la calma de los sentidos, seguramente vive apresado por la misma nostalgia que Ramón tuvo durante años. ¿Es ese el destino de lo que busco? ¿Cambiar el sufrimiento del desasosiego por el de la melancolía? ¿No es mejor, en suma, no demandar prosperidad ni progreso, permanecer siempre quieto, conocer únicamente un lugar y una forma de vida, como la niña del Amazonas?

La casa de Ramón la construyeron sus antepasados. Entre Carmen y él, me explican detalles de la arquitectura tradicional gallega que no acabo de comprender muy bien. La paneira es una especie de hórreo con una galería exterior en la que se almacenaban los alimentos que podían –o incluso debían– estar expuestos a la intemperie. La casa de Ramón, compuesta por varias construcciones agrupadas, tiene hórreo y paneira. Sus tíos trasladaron de lugar el hórreo, y para hacerlo serraron en diagonal los tablones de sus muros, de forma que al reconstruirlo luego en el nuevo emplazamiento pudieran componerse las piezas como si se tratara de un rompecabezas. Se ven las marcas como si fueran cicatrices.

Cuando Ramón se marcha, Carmen me cuenta que todos los días es así: se sale de casa a hacer cualquier cosa y, de charla en charla con los vecinos, ya no se vuelve hasta el cabo de varias horas. Todos, salvo ellos, son jubilados y, aunque mantienen una actividad constante, tienen esa disponibilidad del tiempo que permite la larga pereza. Carmen, para excusar la idea de la holgazanería, me describe todas las tareas que desempeñan los habitantes de Coro. Hacen membrillo dulce con las manzanas que recogen de los árboles. Cuando han terminado de elaborar las conservas, venden el resto de las manzanas a los productores de sidra, aunque lo hacen a precio de saldo, porque su objetivo no es ganar dinero, sino dejar el suelo limpio. Recogen también las castañas y preparan con ellas mermeladas o las asan. Salen al monte a por setas y a por caracoles. «Si uno quiere, no para quieto», dice.

Cuando llegamos al coche, Carmen vuelve a ponerse la capucha de Lisbeth Salander y deja ver solo su rostro compasivo. Los perros ladran. No es aún de noche, pero el cielo comienza a oscurecerse. En los pueblos que están en el arco de un valle o de una quebrada, la montaña tapa la luz anticipadamente y todo se va quedando en penumbra. En invierno, de esa forma, el frío llega antes, aunque en Coro, según asegura Carmen, no hay temperaturas extremas y puede vivirse con buen abrigo. Me marcho de allí sin haber visto a Lolo, que, convaleciente de sus males, descansa. Y justo a la salida de Coro detengo el coche para recoger castañas. Mientras lo hago no tengo la sensación de que estoy robando o depredando lo que no me pertenece, sino limpiando la tierra para restablecer el equilibrio medioambiental. Y siento, así, ridículamente, que al placer de las castañas asadas puedo añadir el de la preservación del mundo.

Atravesar a oscuras el monte, sin ver más allá de la línea de luz que despabilan los faros del coche, aguza la cavilación. Me enredo, como siempre, en filosofías. Carmen me parece una esfinge con un enigma. He entrado únicamente en el cuarto de estar de su casa, no he visto ni la habitación en la que duerme con Lolo ni su cuarto de baño, y solo desde fuera, de refilón, he atisbado la cocina, donde Carmen ha calentado el café. Me pregunto si yo sabría vivir allí, y de inmediato, como si hubiera un hilo invisible del pensamiento, me acuerdo de dos personas a las que tengo cerca en Madrid. Una de ellas trabaja siempre más de doce horas al día, a cualquier hora que sea necesario y donde sea necesario. Su ocupación, envidiable socialmente, la aliena. La Real Academia define la alienación como el «proceso mediante el cual el individuo o una colectividad transforman su conciencia hasta hacerla contradictoria con lo que debía esperarse de su condición». Es decir, el proceso mediante el cual, en palabras caricaturizadas de Santa Teresa, uno acaba viviendo sin vivir en sí mismo, ejerciendo una representación vicaria de otro, manteniendo una conducta que no desea y defendiendo –de obra, al menos– unos valores morales que repudia. Esta persona gana mucho dinero, pero no tiene demasiado tiempo para gastarlo. Cuando lo hace, en consecuencia, trata de excederse: busca el restaurante más caro, el reloj más lujoso, el hotel con más estrellas o la camisa exclusiva entre las exclusivas. No es un imbécil ni un malvado, sino, si acaso, todo lo contrario, pero tiene ante sí un jeroglífico que debe resolver cada día: por qué vive del modo en que lo hace. Tiene hijos, y los hijos, con un porvenir más allá del nuestro, sirven de buena coartada para extravíos así: los mejores colegios, las estancias en el extranjero, los profesores particulares, la compra de una vivienda que les garantice el futuro. Pero incluso con esa excusa, hay un olor a azufre en su cuerpo, y no puede quitárselo con ningún perfume.

El olor a azufre de la otra persona es más intenso. Lo mide todo en euros, en unidades de salario, en posesiones patrimoniales, en ratios de rentabilidad, en porcentajes de eficiencia y en ganancias de la cuenta de resultados. Se crió en una época —la misma que yo— en la que la esencia del ser humano no podía tasarse según la cotización en Bolsa, de modo que su adaptación a los tiempos le ha traído al menos una bruma de mala conciencia. No la cura, sin embargo, con sustancias éticas, sino con acrobacias dialécticas. No trata de adecuar su instinto a su moral, sino de maquillar esta para consentir aquel. No procura quitarse el olor a azufre: lo envasa en frasquitos de perfume y lo vende como fragancia para que, oliendo todos igual, se confundan los aromas.

Esas dos personas son la imagen especular de Carmen. Ninguna de las dos —yo tampoco— podría vivir en esa casa desastrada y menesterosa ni podría decir, como ella, que la vida es plácida y halagüeña aunque tenga privaciones. El problema intelectual —y en eso pienso mientras viajo de noche a San Antolín de Ibias— es el del discernimiento de la ideología. Es casi una aporía de Zenón, pero durante un instante tengo la convicción de que el hecho de haberme sentado a conversar con Carmen de naderías en un pueblo olvidado del sur de Lugo me convierte en un hombre afortunado. Y tal vez incluso en un hombre bueno.

Me detengo a cenar en San Antolín de Ibias en espera de que Elma, la mujer en cuya casa me voy a alojar esa noche, regrese de hacer sus compras mensuales en Lugo. El Mesón Eiroa está abarrotado y tiene ese calor del bullicio excesivo que a veces, cuando busco la tranquilidad después de un día de trajín en Madrid, me desagrada. Allí, en cambio, me abriga. Mientras me sirven –chuletón a la brasa y vino–, consulto el mapa de nuevo. Estoy al sur del embalse de Sálime, en ese esquinazo en el que se entreveran las provincias de León, Lugo y Asturias. El embalse de Salime fue una de esas obras faraónicas que se construyeron durante el franquismo sin parar mientes en las consecuencias. Se anegaron casi setecientas hectáreas, sumergiendo miles de fincas, bosques e incluso cuatro cementerios (lo que literariamente tiene reverberaciones majestuosas). Lo más aberrante fue, sin embargo, que, al zambullir bajo el agua varias carreteras y caminos, incomunicaron poblaciones cercanas y dejaron aisladas algunas aldeas, condenándolas a la muerte. En la zona de Ibias, tajaron el valle que separaba Negueira de Muñiz, a un lado, y Santalla o San Pedro de Ernes, a otro. Uno de los lados se quedó sin carretera. Era imposible entrar o salir por tierra, salvo dando una colosal vuelta terráquea. Las familias tuvieron que marcharse y sus casas quedaron deshabitadas. Eran los años cincuenta y España se preparaba para el éxodo rural.

Elma vivió en San Pedro de Ernes hasta hace pocos años. Se fue de allí, paradójicamente, cuando anunciaron que iban a abrir una vía terrestre. Le gusta la inaccesibilidad, los lugares escondidos a los que es imposible llegar sin esfuerzo. Se marchó entonces a Riodeporcos, donde vive ahora con su marido y con su hija.

Riodeporcos es una aldea minúscula que quedó también aislada en uno de los brazos del embalse. Para acceder hay que dejar el coche en un costado de la carretera y atravesar un puente colgante que salva el desnivel de las riberas del río y lo sobrevuela. El puente es moderno y resistente, pero no tiene pretiles demasiado altos y se bambolea al caminar sobre él. Las personas con vértigo, como yo, no tienen fácil la vida allí. Antes usaban un *quad* para cruzar de un lado a otro las cosas pesadas —la compra mensual, por ejemplo—, pero la empresa constructora colocó por razones de seguridad o por exceso de celo unos bolardos que lo impiden, de modo que ahora hay que acarrearlo todo a mano.

Llego una vez más de noche y la oscuridad me protege. Veo el puente, pero solo alcanzo a distinguir muy tibiamente la distancia que hay hasta el suelo, hasta el lecho del río, a pesar de que la luna, casi llena, alumbra mucho. Tampoco se ven, al otro lado, el perfil del pueblo ni las montañas, solo un bulto negro. Arrastrando la maleta, comienzo el camino. Con el mentón levantado, tratando de mirar hacia arriba, doy los primeros pasos. Respiro con cadencias regulares y procuro controlar el pensamiento, que está dominado en esos instantes, según he podido contrastar conversando con otros acrofóbicos, por instintos suicidas autónomos: uno siente miedo de caer al vacío y ese miedo le empuja a arrojarse. Intento pensar en cosas extraordinarias que me absorban la atención. A mitad del camino, el bamboleo se vuelve más enérgico, y se escucha además el crujido de las articulaciones del puente. El suelo está hecho de tablillas –o tablones que mi imaginación achica– engarzadas en una estructura sólida. Es imposible caerse, e incluso si decidiera saltar, por uno de esos impulsos irracionales creados por el pánico, me resultaría difícil hacerlo, pero el susto persiste hasta que enfilo el último tramo. Ahí, en esos metros, me siento por fin seguro. La musculatura del cuerpo se me ablanda y dejo de pensar en cosas extravagantes.

Al cruzar ese puente he cambiado de provincia y de comunidad autónoma. El coche ha quedado en Lugo y Riodeporcos forma parte de Asturias. Son pocas casas, dispersas y medio en cuesta, pero la de Elma está al final de todas, apartada, buscando también en su ubicación la soledad que tanto le gusta.

Cuando le hablo de la niña del Amazonas y le cuento que estoy buscando ese apartamiento en la España del siglo XXI, Elma sonríe mirando hacia otra parte y responde que en estos tiempos es ya imposible encontrar gente que viva de espaldas a la modernidad, porque a todas partes, incluso a los rincones más extraviados, como Riodeporcos, llegan la luz eléctrica, la televisión por satélite e incluso internet. Lo dice con añoranza, como si en realidad quisiera vivir en alguno de esos lugares. Y seguramente es lo que soñó en los buenos tiempos.

Elma cumplió hace muchos años los cuarenta. Cuando era joven vivía cerca de León y formaba parte de los grupos de resistencia alternativa. Creía, en suma, que este mundo es extraño y absurdo; que las cosas que ocurren en las ciudades tienen un tinte alienante que nos mancha incluso si nos resistimos a ellas. En aquella época estaba saliendo con un chico que se enteró de que en esa zona de Asturias, en los pueblos deshabitados antiguamente por la construcción del embalse de Salime, se había reunido un grupo de gente que deseaba compartir un modo de vida diferente. Los paisanos de la comarca decían despectivamente que se trataba de una comuna en la que, como en el cliché histórico, solo había drogas, sexo y rock & roll. Elma y su novio, que simpatizaban con la pureza de esa vida, viajaron a la zona para conocer la comuna con sus propios ojos. Les gustó mucho el enclave y comenzaron a hacer visitas con frecuencia. Elma iba a veces acompañada por su novio y otras veces acompañada por Flor, una amiga con la que solía andar en moto por los caminos, sin rumbo, imitando esa imagen rebelde de la velocidad itinerante. En aquellos años, la leyenda *beat* de Kerouac y las imágenes de *Easy Rider* eran el marbete de la insurrección individual.

Flor, más decidida, se asentó en la zona antes que Elma, que estaba entretenida todavía entonces en levantamientos universitarios y en actitudes políticas. Al final, vencidos por el peso implacable del mundo, desencantados, ella y su novio decidieron dar el paso y mudarse también a la zona. Conocieron Ernes –San Pedro de Ernes– antes que ningún *comunero*, pero les daba un poco de miedo instalarse allí porque en el pueblo, muy derruido, solo vivían un viejecito y una viejecita, hermanos, que tenían aversión a los intrusos y les espiaban a escondidas. Asustados, Elma y su novio no se atrevieron a abandonar su casa hasta que, unos meses más tarde, descubrieron que otro muchacho se había instalado en Ernes. Inmediatamente, en pleno invierno, sin esperar a que el clima clareara, empaquetaron sus pocos bártulos e hicieron el traslado. Ese muchacho era un uruguayo exiliado en España que no tenía ningún contacto con los viejecitos. Vivía allí, solitario, sin poder acercarse a ellos. La propia Elma, que pasó once años en el pueblo, tardo seis en romper el muro de hielo y de desconfianza que les separaba de ellos.

«Llevábamos ya mucho tiempo viviendo allí y la viejecita, cuando quería algo, me gritaba desde lejos», cuenta Elma enhebrando recuerdos. «Poco a poco se iba acercando, pero siempre era una comunicación lejana y fría. Un día me llamó desde los alrededores de la casa. Salí a la puerta y le dije que entrara para pedirme lo que quisiera, porque yo estaba ocupada y no podía salir a atenderla. Entonces entró. Por fin entró. Y desde ese momento no hubo más desconfianza. Habían pasado seis años, pero creo que hasta ese día no dejamos de ser para ellos unos bichos extraterrestres y malvados. Unos comuneros o unos comunistas», añade bromeando.

Elma dice que aquellos fueron los años más felices de su vida. No tenían electricidad y al pueblo no se podía llegar por carretera, había que atravesar en barca el embalse hasta la orilla de Negueira, pero ellos conservaban aún el brío juvenil. La ilusión de que todo iba a ser posible y de que ese mundo particular que querían construir en los bordes del otro mundo sería resplandeciente. Como les ocurre a todos, esas ensoñaciones de la juventud se fueron malogrando. Se disolvieron en los ácidos de la edad.

A la casa en la que vive ahora no le falta ninguno de los lujos humildes de la modernidad. Es grande, con espacios confortables. Está acondicionada para que el frío no atraviese los umbrales. Los materiales de construcción –o de restauración, porque la edificación es antigua y se ha respetado la piedra de los muros originales– son armónicos y eficientes. No solo tiene luz eléctrica, sino que está equipada con electrodomésticos de última generación. En el gran salón puede oírse el equipo de música estereofónico con canciones antiguas. Tiene conexión a internet. Y nada de lo que hay allí parece disturbar el bienestar, sino preservarlo. La casa la reformaron Elma y su actual marido, Roberto, con sus propias manos. De la cocina vieja les quedó el fogón de leña, que Elma muestra con satisfacción. Como es habitual en la zona, compraron casa y casería; es decir, la casa principal, la finca en la que está situada y todos los edificios anejos que antaño tenían su función en la economía familiar y que ahora están de momento infrautilizados: el torreón, que era un antiguo palomar, la bodega (donde siguen guardando el vino) y la cabaña, una pequeña construcción idéntica a la que tenía en los Alpes suizos el abuelito de Heidi. Lo que más trabajo les da es mantener los tejados limpios e impermeados, explica Roberto. En estas casas vivían familias grandes, padres, hijos y nietos, y se ocupaban entre todos de las tareas de mantenimiento. Ahora, sin embargo, viven solo ellos dos.

Ellos dos y su hija Lía, una niña china adoptada que contagia ternura. Elma y Roberto se mudaron a Riodeporcos hace doce años porque empezaron a concebir la idea de adoptar un niño. En Ernes, aislado y montaraz, todavía no había entonces carretera, y en esas circunstancias los servicios sociales no les habrían dado el certificado de idoneidad.

Lía tiene alrededor de diez años y, salvo por sus rasgos orientales, parece dibujada por la tierra. El movimiento cósmico de su vida podría resultar extraño para un observador con prejuicios (para mí mismo, que soy capaz de concebir la idea, aunque la desprecie enseguida): nacer en China y ser llevada a un lugar inaccesible al otro lado del mundo. Lía, sin embargo, se encuentra en Riodeporcos como si fuera el paraíso. La recoge cada mañana el autobús escolar al otro lado del puente y va a las clases en un pueblo de la zona, y si un día su madre la lleva a pasear a Oviedo o a una ciudad más grande, se siente intranquila y agobiada, y dice: «Yo solo soy yo misma en Riodeporcos». En la casa crían gallinas para abastecerse de huevos, pero tienen además dos gansos porque a Lía le maravillan los animales. Los gansos, que fueron incubados y nacieron allí, se llaman Horacio y Valentina. No hay, sin embargo, vacas. Elma las tuvo en una época, cuando vivía en Ernes, y aunque le daban satisfacciones alimentarias –leche fresca, mantequilla, quesos–, había que vigilarlas permanentemente, sin reposo, y eso a ella le parece una pérdida de tiempo terrible.

Elma es una mujer nerviosa e impaciente. Es fácil imaginarla apremiada frente a las vacas. Se solivianta recordando algún episodio estresante o fastidioso. Se le llena el rostro de sangre y se le hinchan los ojos, como si fuera de temperamento colérico. Necesita la tranquilidad campestre, la soledad de esos lugares incógnitos en los que desde hace muchos años ha vivido para compensar su desasosiego casi clínico. «Si yo hubiera seguido viviendo en una ciudad estaría ya muerta», dice con chirigota.

Roberto en cambio vivió en Oviedo hasta los cuarenta y cinco años. Hasta que, enamorado de Elma, se fueron a Riodeporcos. No echa de menos nada de lo que la ciudad puede ofrecerle, y cada vez le da más pereza viajar hasta Oviedo, por ejemplo, para visitar a su madre, que está ya anciana. Le gusta vivir en ese ritmo lento del pueblo. Tienen trabajo para deslomarse, del día a la noche, pero son obligaciones de un pelaje distinto, más templado. No hay horarios. Pueden entretenerse con cualquier cosa, acercarse a echar una mano a alguien que lo necesita o marcharse a caminar y detenerse en una roca a mirar el paisaje. A veces cogen el coche y se van a Fonsagrada a tomar unas cervezas con amigos, porque si no se les acaba herrumbrando el cuerpo, pero los años les están volviendo indolentes también en esto.

No tienen miedo al porvenir. No piensan en él con angustia ni les parece que vivir en un sitio tan escondido vaya convirtiéndose con la edad en una costumbre aventurada. Algunas veces un vecino se ha quedado viudo y los hijos han venido para llevárselo a la ciudad con ellos. Elma y Roberto han observado entonces la devastación que hay en esa mudanza. «En la ciudad se quedan como pajaritos», dice ella. «Les afecta casi tanto como la viudez. Se van porque creen que deben hacerlo y porque sus hijos, aunque sea por cariño, les obligan. Pero la ciudad les mata. Echan de menos esto cada día que pasa.»

Riodeporcos está en un lugar bellísimo, aunque Elma no cree que sea esa la razón por la que vivir allí resulta tan confortante. «A la belleza también se acaba uno acostumbrando», dice. «Lo que siempre dura es la tranquilidad, la calma. La posibilidad de vivir casi sin reloj, al hilo de lo que la naturaleza vaya ordenando.» En Riodeporcos no funcionan los teléfonos móviles, no llega la señal. No hay vida exterior, salvo el autobús escolar que viene por las mañanas a recoger a Lía y los clientes que algunos fines de semana –sobre todo a partir de la primavera– van a alojarse a la casa en busca de esa calma.

No sé si a la belleza se acaba uno acostumbrando. Tal vez a la belleza repetida, a la belleza invariable e impasible. Pero no a la belleza sin más aderezo. Llevo varios días recorriendo la zona y a lo largo de mi vida he estado en muchos lugares idílicos que, si miro las fotos que hice o si trato de recordar, se parecen entre sí. Allí mismo, en Riodeporcos, siguiendo las indicaciones de Roberto, camino por el sendero que sale de uno de los laterales de la casa y, después de serpentear un poco entre árboles, a cinco minutos del pueblo, me encuentro en medio de un paisaje abrumador. No tiene nada de prodigioso –una quebrada en zigzag, árboles en alguna ladera, roca pelada en otras, un río abajo que solo se divisa a tramos y cuya corriente puede oírse–, pero sentarse allí, en el borde de un risco, y contemplar esa ondulación abstracta produce inmediatamente un efecto apaciguador. El corazón se amansa y el cerebro, como si tuviera branquias, respira de un modo más artístico, se enreda en razonamientos ingeniosos y en fantasías. El mar es también así: la misma agua, el mismo movimiento monótono, eterno y azul; y sin embargo cada mar es distinto. Su belleza revive siempre, y la costumbre de mirarlo, si la hay, no la amengua.

Entre todos esos pensamientos afectados que el sobresalto del paisaje me inspira, hay uno siniestro: me pregunto cuántos esqueletos habrá escondidos —escondidos a cielo abierto— en esas montañas o en montañas parecidas. A cuántas personas las sorprendió la muerte mientras daban un paseo inadvertido o hacían una ruta de andariego. Cuántos individuos solitarios, sin familia cercana y sin amigos, salieron a recorrer el monte y, después de algún accidente, no fueron buscados por nadie. Cuántos cuerpos asesinados, incluso, pueden esconderse en aquel dédalo sin ser descubiertos. En el año 2008, en Menorca, Mónica Juanatey mató a su hijo César de diez años. El niño se había quedado con sus abuelos en Galicia durante un tiempo, hasta que ella encontrara trabajo en las islas Baleares y pudiera hacerse cargo de él. Un buen día, cuando Mónica ya estaba asentada, los abuelos montaron a César en un avión y se lo enviaron a la madre. Pero en esos años de soledad ella se había echado un novio del que estaba enamorada y al que nunca le había confesado que tenía un hijo de una relación anterior. Sentía miedo de que al enterarse de ello la abandonara. Durante unos días, no supo qué hacer, pero al final decidió matar al niño. Lo ahogó en la bañera. Se arrodilló junto a él para lavarlo y le hundió la cabeza bajo el agua hasta que dejó de respirar. Luego lo troceó y guardó sus restos en una maleta roja. Llevó esa maleta hasta el monte de Menorca, a un rincón apartado, y la escondió allí. A su novio le dijo que el niño era un sobrino que había regresado ya con sus padres. A los abuelos, que querían hablar por teléfono con César, les contaba siempre que estaba fuera de casa y que no podía ponerse. El padre, en Galicia, había roto toda la comunicación con su hijo y no se interesaba nunca por su vida. En el colegio no le echaron de menos y en los registros públicos no fue detectada ninguna anomalía. Durante dos años nadie buscó a César. La maleta roja se fue pudriendo en mitad del monte hasta que dos hombres, durante unas tareas forestales, en 2010, la encontraron por casualidad. Tal vez si Mónica Juanatey hubiera dejado el cuerpo desnudo, sin materiales inorgánicos, solo habrían quedado en esa fecha unos huesos descompuestos que los excursionistas no habrían visto o que habrían confundido con huesos animales. Pero el plástico rojo de la maleta y un estuche escolar que la asesina había metido también dentro para hacer desaparecer todos los rastros guiaron el hallazgo y desvelaron el crimen.

Hay tierras sin explorar, superficies vírgenes sobre las que ningún ser humano ha puesto el pie desde hace siglos. Tal vez no sea fácil llevar hasta ellas un cadáver, pero si se consigue, si se elige bien la zona y se traza una ruta apropiada, son la mejor guarida posible.

Estas meditaciones patibularias y aviesas no son resultado de ningún instinto criminal, sino de la convicción que he ido adquiriendo esos días de viaje —en los que miro la naturaleza con ojos científicos— de que la biosfera es el laberinto más inaccesible de cuantos podamos nunca imaginar.

¿Qué novelas sería yo capaz de escribir si cada mañana, en los momentos de parálisis imaginativa, pudiera salir de casa y llegar en un corto paseo hasta un paraje como el que contemplo desde ese risco? ¿Qué personajes trazaría, qué lances? O, en otro orden de cosas, ¿me apuraría allí el insomnio por las noches? ¿Me mortificarían la lucha política y las intrigas literarias?

Llego hasta un punto del camino en el que el horizonte me parece ya lejano, y entonces, acongojado por la posibilidad de ser yo mismo uno de esos esqueletos que queden a merced de la intemperie en un barranco, doy la vuelta y regreso lentamente hasta el pueblo, en el que en esos días de otoño están marchándose ya los últimos habitantes ocasionales. En Riodeporcos no hay ninguna casa abandonada. En verano, cuando el pueblo se llena, la gente limpia alrededor de sus fincas la maleza que crece y arregla los desperfectos que han ido produciéndose durante el invierno. Elma y Roberto están orgullosos porque su casa, bien cuidada y reluciente, sirve a los otros vecinos de modelo para esmerarse. Nadie ha vuelto a quedarse a vivir allí durante todo el año, sin embargo. Tienen a sus hijos en otras partes y han ido haciéndose a otros hábitos. Les da miedo, además, no estar cerca de un hospital en el que poder ser atendidos si ocurre alguna emergencia. Les fatiga la brega del pueblo: calentar las casas, arrancar la vegetación salvaje, hacer reparaciones. A pesar de esas inconveniencias de la edad, hay algunas parejas de ancianos que van allí siempre que tienen ocasión, en verano o en invierno. No pueden separarse de su propia vida.

He ido retrasando la despedida por dos razones: porque Riodeporcos parece una de esas lagunas quietas en las que el agua nunca tiene ondulaciones y porque para salir tendré que volver a atravesar con mi vértigo el puente colgante. Le digo a Elma, riendo, que tal vez no sea capaz de hacerlo y que en ese caso tendré que quedarme a vivir allí. Ella me sigue la broma y me ofrece una de las habitaciones de la casa.

El día está luminoso, transparente, y desde la boca del puente se ve a la perfección el desplome. Elma me quita la maleta y la acarrea para que yo pueda concentrarme en mis desvaríos. Tiento con el pie y por fin arranco el camino, sabiendo que desde ese instante no podrá haber pausa hasta que llegue al otro lado. Con la mirada de nuevo al frente, ligeramente alzada, avanzo por el centro del puente. Pienso en cosas espeluznantes para distraer mejor la atención: en excursionistas despeñados por un desfiladero, en cadáveres comidos por los buitres, en asesinos que guardan los despojos en maletas. Cuando llego a la carretera siento un gran alivio. Y se me ocurre pensar que si no vuelvo nunca a Riodeporcos no será porque no lo desee, sino por esa prueba iniciática que hay que superar para alcanzar el paraíso.

«Aquí las carreteras se miden en unidades de tiempo, no en kilómetros», ha dicho Elma. «Lo importante no es la distancia, sino lo que se tarda en llegar.»

Voy a visitar Ernes, que está cerca de Riodeporcos. Allí vive Luz, a la que Elma conoció antes de mudarse y con la que sigue teniendo trato cercano. El pueblo está situado en el lado escindido del embalse, el que quedó sin comunicación terrestre hasta hace seis años, cuando inauguraron un puente que cruzaba un estrechamiento del agua –para automóviles, en este caso– y adecentaron una pista de tierra que sube por la ladera. La arena de la pista, más o menos consistente al principio, se va desbaratando a medida que se asciende. Me han advertido de que Ernes está en un lugar recóndito, donde parece increíble que alguien pueda vivir, pero que más allá de Ernes puede uno internarse en territorios casi inaccesibles. Flor, la amiga con la que Elma iba a recorrer los caminos en moto durante su juventud, acabó instalándose en una de esas aldeas abandonadas, en la que vive sola. Lleva años reclamando las infraestructuras necesarias para que llegue hasta allí la luz eléctrica, a lo que según alguna ley tiene derecho, pero la población está tan a trasmano de todas las rutas que a los responsa-

106

bles públicos les ha resultado más conveniente instalarle junto a su casa un generador eléctrico que tirar el cableado necesario por las montañas. A ese pueblo en el que vive Flor, que forma parte del municipio de Ernes, no podré llegar, pues hace falta, por esta misma carretera, un coche especial, un 4x4 con tracción trasera.

La primera aldea que me encuentro en el costado de la pista se llama Santalla, y está hundida en la ladera del monte. Se ven al pasar sus tejados de pizarra negra. Poco después atravieso Cancio y un poco más arriba unas casas sin nombre. El bosque es tupido hacia arriba y hacia abajo. Apenas hay claros desde los que ver el embalse, y si se mira hacia la cima solo se tropieza con la muralla de árboles. A medida que se va ascendiendo, sin embargo, la fronda se despeja. Empieza a abrirse el tejido del bosque y se distingue el cielo entre los troncos. Más arriba, los árboles van desapareciendo y el viento sopla con fuerza. En una de las curvas de la pista, que tiene el firme ya lleno de arenisca, se despeja el horizonte y bajo la mirada queda un panorama de cerros y montañas. Desciendo un momento del coche para hacer una fotografía de esa extensión grandiosa y el frío me hiela. Sigo camino, pero Ernes no aparece. Dejo atrás una casa derruida junto a la que hay perros atados. Veo caballos sueltos. La senda se inclina y el coche comienza a patinar en la grava. Me tengo que volver a bajar del coche para abrir una alambrera artesanal que hay atravesada en mitad del camino. Me asalta la duda de si se trata del cercado de una finca particular, pero no hay carteles ni advertencias. Desde allí diviso ya la cumbre de la montaña: Ernes no puede estar muy lejos. A los pocos metros de haber cruzado la alambrera, sin embargo, el coche encalla. Las ruedas delanteras no se agarran al suelo y giran sobre sí mismas. El motor desprende olor a combustión quemada. Durante un instante siento pánico de que las ruedas se atasquen definitivamente y no pueda salir de allí. Compruebo, en el teléfono móvil, que no hay cobertura. Hago un último intento pero es en vano: los casquijos salen disparados y golpean los bajos del coche. Resignado, doy media vuelta y comienzo a desandar el camino. Cruzo de nuevo la alambrera, llego a la casa derruida con los perros atados y me detengo en el mismo lugar en el que lo hice antes para mirar de nuevo, con frustración, ese paisaje de dominio. Me duele no haber podido llegar a Ernes porque la historia de Luz, de la que me han hablado Yuma y Elma, es paradigmática de lo que busco. Mientras estoy tomando otra fotografía, ahora que ya oscurece, llega pedaleando en bicicleta un muchacho. Le detengo con un gesto y le pregunto, por curiosidad ya innecesaria, si sabe a cuántos kilómetros está Ernes. Señalo hacia arriba, hacia el lugar en el que el coche se quedó embarrancado. El muchacho me mira con extrañeza. «¿Ernes?», pregunta él a su vez. Yo asiento. «Ernes no está en esa dirección», dice por fin. «Ernes está hacia abajo.» Me quedo mirándolo perplejo. «Ernes», repito. «San Pedro de Ernes.» Él asiente. «Ernes», reafirma, «está carretera abajo. A unos minutos.»

Siento alegría, pues podré conocer a Luz y escuchar el relato de su vida. Pero mi impericia de explorador me avergüenza. Si el coche no hubiera fallado, tal vez habría llegado a la aldea de Flor o –quién sabe– al mar de Escandinavia, en busca de un cartel en el que pusiera «Ernes». Continúo descendiendo y al cabo de unos kilómetros, cuando atravieso las casas sin nombre que vi al subir, vuelvo a preguntar a un paisano, quien me confirma que aquello es Ernes. «No tenemos rótulo», explica. Le pregunto por Luz y me lleva hasta ella.

San Pedro de Ernes es una aldea desmañada. Está al borde de la carretera, oculta por un pequeño talud que se levanta justo en el paso. Las pocas casas que se ven en tránsito, así, parecen construcciones solitarias, desperdigadas, restos de alguna misantropía. El pueblo está levantado en cuesta, y para llegar a algunas viviendas, como la de Luz, hay que deambular. El cielo está oscureciendo y ya solo se distinguen los últimos rastros de color.

Cuando llego, Luz está a punto de marcharse en coche a recoger a uno de sus hijos y a otros niños amigos a un pueblo cercano. Para poder atenderme le pide a un vecino que la reemplace. El vecino lleva una carretilla llena, pero enseguida acepta el envite.

Luz va vestida con una camisa y un pantalón de granjero, con peto. Tiene el pelo largo, recogido, y aunque debe estar cerca de la cincuentena parece más joven. Es belga y, a pesar de los años que lleva viviendo en España, se le nota el acento: una pronunciación metálica y encasquillada en una sintaxis impecable. Al principio parece áspera, adusta, pero es seguramente ese temperamento centroeuropeo —aliñado en este caso de ruralidad— que antepone la hosquedad a la confianza hasta que hay una cierta confidencia.

Luz me lleva hasta su casa mientras va anocheciendo. En Ernes no se divisa un paisaje admirable; no hay, para un sueño cinematográfico, suficiente tiro de cámara. La naturaleza, sin embargo, está aplastada en los poros, no tiene matices. El bosque, la montaña, los caballos.

Luz compró su casa en 2002 y se siente orgullosa de ella. La ha restaurado, pero es una casa antigua. Está construida con la piedra que extraían de las canteras de la zona y con la madera de esos bosques. Los lugareños acopiaban los materiales, pero la edificación se la encargaban a cuadrillas itinerantes de hombres —portugueses y vascos, al parecer— que recorrían el país ejerciendo ese oficio. El esfuerzo en conservar la fisonomía original, respetando esa camaleónica unión con el entorno, es uno de los empeños más intensos de quienes como Luz han regresado al campo en busca de unos orígenes que en realidad no fueron nunca los suyos. La diferencia entre una casa antigua rehabilitada y una casa de nueva planta hecha a semejanza de las que llenan las urbanizaciones de las grandes ciudades es casi bíblica. Las primeras inspiran el abrigo cálido del mundo desnudo; las segundas, en cambio, recuerdan siempre las abominaciones que es capaz de cometer el hombre.

A estas alturas del viaje ya sé que la niña del Amazonas no existe, pero por un instante, mientras bebo con sed una cerveza muy fría que Luz me ha servido en la cocina de su casa y la miro fijamente a los ojos, tratando de distinguir en esa penumbra –una bombilla de pocos vatios, la noche afuera– el fondo de sus pupilas, me da por pensar que la he encontrado en Ernes. Que esa niña inconsciente y feliz que se entusiasma con las cosas pequeñas de la vida y chapotea en el río cuando ve una barcaza cargada de turistas está allí, frente a mí. Es un espejismo, pero a veces resulta benéfico creer que lo irreal tiene existencia. Esa es al fin y al cabo, me digo, la ambición de la literatura.

Luz residía en una pequeña ciudad que ahora forma parte de la periferia de Gante, la capital flamenca de Bélgica. Estudiaba Historia en la universidad, pero desde su juventud tenía claro que no quería vivir en el abrumador mundo de los elegidos. Su primer instinto fue cruzar por Gibraltar hasta Marruecos, que encarnaba para ella ese sueño de paraíso terrenal sin civilizar. En aquella época, sin embargo, las autoridades marroquíes y belgas tenían malas relaciones y no la dejaron entrar en el país. Encontró entonces a un grupo de gente que quería recorrer en un autobús colectivos y comunas en las que se trabajara en proyectos solidarios. Se subió a ese autobús, hace más de veinte años, y comenzó a visitar esos lugares de vida alternativa. Y un buen día decidió quedarse a vivir en el Algarve portugués, en una comuna que intentaba autogestionarse y subsistir con lo que sus miembros cultivaban. Eran alemanes.

A Luz le gustó su filosofía de vida: cómo enfocaban la educación de los niños, la higiene personal, el tratamiento de la salud... Se enamoró de un joven que también soñaba con otro mundo. Y permaneció allí, con él, tres años.

Iban algunas temporadas a Alemania a trabajar plantando árboles para ganar algo de dinero, y en uno de los viajes de regreso ya no siguieron ruta hasta Portugal: querían cambiar de tierra. Habían oído hablar de Galicia y fueron de pueblo en pueblo buscando algún lugar que les cautivase. Un buen día les hablaron de una aldea a la que solo podía llegarse cruzando un pantano y se acercaron a verla. Era Ernes. Para Luz fue un amor a primera vista. Su novio tenía dudas, porque no había apenas gente y era un ambiente muy cerrado. Pero a pesar de eso se instalaron allí.

Los aldeanos creyeron al principio que eran criminales fugados de la justicia: una belga y un alemán que se asientan en un lugar tan escondido –y tan miserable– son sin duda asesinos que necesitan esconderse. Huidos de la cárcel, sanguinarios. A ellos les costó mucho trabajo ir abriendo la confianza. Como Elma, que vivía también allí por aquellos años, tuvieron que lidiar con los prejuicios y con las fantasías escalofriantes de los campesinos.

Su vida en Ernes fue casi un trabajo de pioneros. Había que empezar de cero, pues el pueblo estaba desolado. Había que inventarlo todo. Hicieron una plantación de kiwis que aún existe y compraron ganado. Durante una temporada se alojaron en la casa de una vecina joven que les acogió. Luego arreglaron el tejado de una cabaña abandonada, usando las propias losas viejas que tenía, tal y como les enseñó uno de los ancianos que quedaban en el pueblo, y fundaron una especie de hogar familiar. Fue en esa cabaña donde nació el primero de sus hijos. Rehabilitaron entonces la cantina del pueblo, que ya no funcionaba, y se mudaron allí.

En esa época había en Ernes varias parejas jóvenes que, como ellos, tenían hijos. El pueblo estaba lleno de niños que necesitaban educación y los vecinos cursaron una petición oficial para conseguir un maestro, pero no les fue concedido. Esa fue la razón por la que el novio alemán de Luz se marchó a Santiago de Compostela a estudiar la carrera de magisterio. Cuando se diplomó y estuvo en disposición de ejercer, sin embargo, ya no había niños en el lugar. La emigración o el cansancio lo habían despoblado. Intentaron atraer a gente de otras partes con la idea de una escuela alternativa, pero todo jugaba en su contra: la inaccesibilidad del pueblo y la dificultad de conseguir en él una casa en la que vivir. De modo que el proyecto se disolvió en la nada.

La vida rural no es –alabanza de aldea– un gaudeamus. Luz recuerda que en aquellos tiempos había en Ernes relaciones de una dependencia enfermiza, tanto conyugales como vecinales. Todo parecía idílico, romántico e íntimo, pero en algunos momentos la convivencia se convertía en un infierno. Los vecinos se hacían reproches unos a otros continuamente por las razones más insustanciales. Había gente de muchas partes de España que había llegado allí en busca de una vida mejor. Se creían diferentes, extraordinarios. Se creían dueños de unos valores más elevados. Pero al final los celos, la envidia y el egoísmo daban al traste con la armonía. «Como en todas partes», dice Luz. «En el fondo somos todos iguales, vivamos donde vivamos.»

Ella pasó en Ernes momentos terribles. Las habladurías y los fisgoneos se volvieron insoportables. Uno de los paisanos, que tenía una vaquería, les hacía la vida imposible, les amenazaba, y ellos, constreñidos a ese espacio, solo podían callar. El pueblo era como una olla en ebullición. Ahora, desde que abrieron la carretera y quedaron conectados al resto del mundo, las cosas han cambiado mucho. Si sienten la asfixia de los lugares cerrados, cogen el coche y se marchan durante un rato a despejar las ideas.

Hoy les resulta increíble haber sido capaces de vivir aislados durante tanto tiempo. Hasta que se inauguró la pista, tenían que bajar la pendiente hasta la ribera del embalse, donde cogían la barca. El hijo mayor de Luz, ese que nació en la cabaña, ha cumplido ya dieciocho años y pasó cuatro haciendo eso cada día para ir al colegio. Bajando y subiendo para cruzar el pantano. Ahora le parece inverosímil y sabe que no podría volver a hacerlo. Si las cosas fueran de nuevo así, se iría. Luz, bromeando, subraya el efecto positivo de la situación: sus hijos no habrían podido conseguir los gemelos musculosos que tienen ni en la mejor escuela de atletismo.

Luz tiene dos hijos. Al pequeño, de unos catorce años, le habla en flamenco, pero el mayor solo aprendió castellano y un poco de alemán. En el pueblo tienen una felicidad extraña. Se sienten libres y creadores de su propio mundo. No son niños extraterrestres –han exigido una conexión a internet, se descargan películas, chatean–, pero poseen algo que en la ciudad es imposible: un sentimiento de divinidad mágico. Luz cree que allí tienen una infancia verdadera y que se les curte, además del cuerpo, el carácter.

El hijo mayor de Luz quiere quedarse en el pueblo. Estudió un ciclo de actividades físicas en el medio rural y, dado que le interesan mucho los caballos, un curso de doma natural. En la comarca se defiende bien profesionalmente, pues hace chapuzas y trabajos para todo aquel que lo necesita –levantar una valla, limpiar un terreno, cortar leña– y saca el dinero que necesita para sus gastos.

Yo soy un hombre de cincuenta años y tengo, para mi desgracia, el agostamiento al que obliga la edad. Puedo imaginarme a mí mismo –no sin esfuerzo– recluido en una aldea tranquila, dando paseos por el monte a media tarde y leyendo libros por la noche delante de una chimenea. Me resulta asombroso, sin embargo, que en la entraña de la juventud alguien pueda abstraerse de las tentaciones de la ciudad. Es seguramente de nuevo un prejuicio de criatura urbana. Pero el color, el ruido, el estallido de sensaciones, la diversidad de identidades y la prodigalidad del espectáculo callejero parecen tesoros irresistibles para un muchacho de dieciocho años. Incluso la imperiosidad sexual que corresponde a la edad –la naturaleza también aquí, al fin y al cabo– encaja mal con el aislamiento. Le pregunto a Luz por este conflicto y ella se ríe. «Mi hijo tiene una novia en Valladolid», dice. «Es amiga de una vecina de un pueblo de por aquí, y se conocieron en un festival. Los jóvenes van mucho a festivales, y así se relacionan.» Pero se queda de repente callada y pensativa. Sin dejar de sonreír, enuncia en voz alta un pensamiento paradójico: «Aunque la verdad es que entre los adultos no hay muchas parejas. En Ernes somos todos solteros. Las circunstancias de la vida aquí son duras, y eso vuelve difícil una relación sentimental».

Su novio de aquellos años, el padre de sus hijos, acabó yéndose. Era de buena familia, había tenido una infancia confortable y al ir envejeciendo no supo adaptarse a las incomodidades y las privaciones de aquella vida. Luz, en cambio, pertenecía a una familia más humilde y no echó de menos ningún lujo. Esta explicación tan cartesiana, concebida por la propia Luz, me hace pensar de nuevo en las condiciones naturales de la niña del Amazonas: ¿es posible volver a un lugar en el que uno nunca estuvo? ¿Se puede recobrar lo que no se recuerda haber perdido?

Hace pocos años, los enredos administrativos –los horarios, los desplazamientos, las competencias de las comunidades autónomas– complicaron la asistencia escolar del hijo menor de Luz, pues se conciliaba mal con las obligaciones de ella. Decidió entonces mandarle un año con su padre a Bélgica. El niño estuvo de acuerdo y se marchó. Ese año hizo vida urbana. Lo pasó bien, encontró acomodo y amigos, perfeccionó el idioma, conoció otras formas de vida interesantes. Pero ha vuelto a Ernes con más ganas. No recuerda Bélgica con nostalgia ni con aflicción, sino con la complacencia con la que recordamos siempre los lugares de paso —residencias de juventud, viajes al extranjero, temporadas veraniegas— en los que hemos aprendido cosas importantes.

Aparte de sus dos hijos, Luz cuida ahora de otros niños. Una pareja de la comarca, con seis hijos, tuvo hace poco tiempo una separación violenta. Los servicios sociales les quitaron la custodia de los niños y planearon, como se hace en estos casos, buscarles familias de acogida que les ampararan mientras la situación de sus padres se resolvía. Los vecinos de Ernes, que conocían la historia, se reunieron para analizar el caso y tomaron la decisión colectiva de ofrecerse ellos para acogerlos a todos. Les parecía que cualquier otra solución sería traumática para los niños: tendrían que separarse unos de otros, vivirían en pueblos grandes muy diferentes al suyo y serían obligados a cambiar de costumbres y de amigos. En Ernes, en cambio, solo notarían —y no es herida pequeña— la ausencia de sus padres.

Mientras converso con Luz en la cocina de su casa, llega una bandada de niños que quieren jugar al ping-pong en una mesa que han instalado en el sótano de la casa. Viene con ellos Alfonso, el vecino al que Luz le pidió que se ocupara de ir a buscarlos para atenderme. En la cocina, muy grande, hay un biombo mal extendido que deja ver detrás una cama medio deshecha, en la que seguramente duermen algunos de los niños acogidos. Como ya es la última hora de la tarde, Alfonso, igual que si estuviera en su casa, se pone a cocinar para darle la cena a los más pequeños. Los otros se bajan a jugar al ping-pong. Durante un instante tengo la sensación de que aquella escena es una representación teatral hecha para mí. Es tan armoniosa que parece trazada por un dramaturgo propagandista y timorato, un Echegaray de verso albino o un Capra más rural.

El maniqueísmo es una tendencia intelectual que me acompaña siempre. Tiendo a creer, desde hace muchos años, que hay fundamentos para afirmar que en los momentos decisivos —no en otros— existen personas buenas y personas malas. Arcángeles y canallas. Individuos que no pueden conciliar el sueño ante la injusticia —existe un componente somático indudable— y otros que pueden conciliarlo incluso si son ellos quienes la causan. La bondad es tal vez algo cromosómico, una instrucción genética que viene en el ácido desoxirribonucleico y que marca el temperamento moral de la persona.

Luz, Alfonso, Ana y Shakin, los cuatro vecinos de Ernes, son seres marginales que viven en la periferia de la sociedad. Se rebelan ante sus convenciones y sus protocolos puritanos. Y sin embargo son capaces de sacrificar sin flaqueza su propia vida para remediar la adversidad de otros. Siempre me ha fascinado que los que menos creen en Dios sean a la postre los únicos que creen en él. Que la generosidad sea una virtud revolucionaria y no teológica. Que los subversivos sepan hacer mejor el bien que los misericordiosos. Eso es lo que en Ernes, aquella tarde, alimenta de nuevo mi maniqueísmo.

El futuro económico de todos esos niños y adolescentes, si finalmente se quedan en Ernes, depende del éxito de una cooperativa que los vecinos del pueblo están poniendo en marcha. En la carretera, junto al talud que oculta las casas, había una gran bala de tarros de cristal vacíos que, según me explica Luz, sirven para envasar las conservas que preparan y que venden luego en los mercados de los pueblos. Tienen el proyecto de convertir en una pequeña industria lo que hasta ahora han hecho artesanalmente, pero para ello necesitan una inversión de cincuenta mil euros, de los que ya han conseguido la mitad.

Luz hace mermeladas, zumos, pan integral y conservas vegetales, y va una vez a la semana a Lugo a venderlos. Si los vecinos logran constituir la cooperativa y obtener los permisos legales oportunos, podrían comercializar todos los productos a través de tiendas, lo que les permitiría una economía diferente.

Luz habla de Ernes como si fuera el paraíso terrenal. Se enamoró del lugar por la abundancia de la naturaleza que encontró allí. «Nueces, manzanas, ciruelas, pérsigos. Montones de comida que cae de los árboles delante de tus propios pies», dice paladeando el exceso. «Lo único que hay que hacer es apañarla para que no se pudra.» Las huertas están al otro lado de la carretera, hacia el embalse. Esa es la tierra fértil y soleada, el jardín del Edén.

En Ernes –y en toda la comarca– no hay al parecer ninguna gestión sobre el monte. No existen ingenieros agrónomos que dictaminen y planifiquen. Los pinos son predominantes, y los paisanos que poseen fincas saben convertir esos árboles madereros en moneda contante y sonante, sin darse cuenta de que el pino puede ser muy dañino para la tierra. En las reuniones que celebran los propietarios de la zona, Luz es la única partidaria de establecer un proyecto agrario de futuro que transforme la región. Ella no lo ha conseguido, pero cree que sus hijos –la generación de sus hijos– pueden hacerlo. Han nacido ya en el pueblo y son de allí. A Luz los lugareños la siguen considerando *la rara*, *la exótica*, a pesar de los años que han pasado desde que se instaló en la aldea. Sus hijos, sin embargo, pertenecen a la tierra. Tendrán la autoridad moral para cambiar lo que crean provechoso sin que nadie sospeche de sus intenciones.

Seguramente Luz podría vivir en el Amazonas. Sus ojos chispean cuando habla de ese universo personal que imagina y que lleva años tratando de construir a fuerza de partirse el espinazo cada día. No estoy acostumbrado a tratar con personas que componen las obras con sus propias manos, que perfilan tejas, parten leña, cavan surcos, apilan piedras, tallan madera, reparan goteras, recogen cosechas, desbrozan maleza y acarrean fardos pesados. Por eso no soy capaz de comprender cabalmente todos sus gestos. Los ojos que chispean incluso en la oscuridad, la tenacidad que hay en el manoteo de sus dedos de uñas manchadas, la pulsación de los labios. Si todas mis teorías son ciertas, Luz ha visto demasiadas cosas en la vida —en Gante, en el Algarve, en sus viajes de tránsito y en Ernes— como para poder ser, a estas alturas, feliz. Ha conocido todas las quebraduras que tienen los seres humanos. Sabe, sin duda, lo que es la soledad, y estoy seguro de que algunas noches tiene sueños extraños en los que se imagina en otra parte, rodeada de monstruos o de príncipes. «Solo quienes no tienen sueños son felices», me dijo en una ocasión una echadora de cartas. Yo creí que se refería a los sueños nocturnos, a la conciencia onírica, pero tal vez estaba hablando de las quimeras que siempre nos persiguen. Sé que Luz no cree en la nigromancia, pero quizá crea, de una manera indefinida, en el destino.

Al salir de Ernes tengo la sensación de que a pesar de la inmensidad del mundo hay ya poca tierra que rastrear. De que la misión ha sido cumplida. Existe otra misión, sin embargo, que nunca acaba: la de seguir viviendo. Y en este quehacer, más austero, casi servil, el instinto o el capricho guían con mejor rumbo que el deber.

Mi padre no tuvo hermanos. Mi madre tuvo cinco: cuatro mujeres y un varón. Mi única tía política, la mujer de este, nació en aquella comarca, en esas montañas que van atravesando Lugo, León y Asturias. «Aquí las carreteras se miden en unidades de tiempo, no en kilómetros. Lo importante no es la distancia, sino lo que se tarda en llegar.» Lo dijo Elma y lo compruebo una vez más ahora, cuando trato de dirigirme a la aldea natal de mi tía Consuelo, en el Allande, que está en línea recta a un centímetro del lugar en el que, cerca de Ernes, he hecho noche.

La madre de Consuelo nació allí, al lado de Ernes, en esa parte que el embalse de Salime dejó aislada. Una región de la que ella recuerda terribles historias de maquis: a una tía suya, a la que nunca conoció, la mató a los catorce años la Guardia Civil porque se asustó cuando le preguntaron por un familiar huido. La orografía, el carácter retraído de los paisanos y los desatinos de la época convirtieron aquella región en un territorio de leyendas en el que lo pavoroso y lo bucólico se entrelazaban.

El Engertal, la aldea en la que nació Consuelo y en la que vivió hasta los quince años, está en la ladera de un monte, en pendiente. A la entrada, la carretera se halla casi cortada por las castañas silvestres que han caído de los árboles. En sus tiempos de esplendor, hace medio siglo, allí llegaron a vivir once familias. Ahora solo vive una, cuya casa, humeante, se distingue con claridad por los rastros de vida que tiene: varios pares de zapatos amontonados en la entrada y gatos y gallinas que hormiguean alrededor.

El Engertal es también final de ruta. La carretera acaba allí, de modo que nadie que llegue lo hace por azar. Quizá por eso el pueblo, que conserva la belleza pintoresca de lo rural, tiene ese aire descuidado de los espacios íntimos, como las habitaciones que mantenemos desordenadas porque sabemos que nadie va a entrar en ellas: una carretilla oxidada, residuos de plástico enredados en las cercas, un coche herrumbroso y abandonado cubierto por una lona, maleza salvaje.

Aparte de la familia que vive en El Engertal durante todo el año, hay otras seis familias que tienen las casas acondicionadas y pasan allí algunas temporadas cortas. El resto de las construcciones están abandonadas y dejadas a la suerte de la naturaleza. Consuelo y sus cuatro hermanos conservan la casa familiar y las fincas agrarias. Solo en el lote de tierra que le tocó a ella en el reparto de la herencia hay más de mil castaños, lo que da idea de las verdaderas dimensiones de las haciendas que aquellas familias humildes —verdaderamente humildes— poseían.

En El Engertal, en aquellos tiempos que Consuelo recuerda, existía una economía de subsistencia. No había ningún intercambio comercial ni ninguna actividad industrial. Las familias cosechaban para su propio mantenimiento. Criaban vacas, gallinas o cerdos para su pitanza. No recuerda hambre, ni siquiera en los peores momentos de la posguerra, sino, más bien al contrario, abundancia. La enumeración que Consuelo hace de lo que recogían y criaban es casi la del cuerno de la abundancia: patatas, maíz, judías verdes, cebollas, puerros, uvas, ciruelas, higos y brevas, manzanas, peras, nueces, avellanas, castañas. Cada año mataban cinco cerdos. Tenían gallinas que ponían huevos y vacas que daban leche. Incluso en el río que pasa por la quebrada que hay bajo el pueblo pasaban en tropel –y al parecer siguen pasando– las truchas. Los zapatos, abarcas, los hacía un paisano. Las ropas se remendaban y se reutilizaban hasta su consunción.

Consuelo dice que ella fue la niña del Amazonas. No lo dice de ese modo porque no le he contado aquel episodio de Iquitos, ni siquiera le he preguntado por sus sentimientos de la infancia. Pero después de hacer una descripción minuciosa de la vida de El Engertal, formada de fantasías sin lujos, de parvedad y de monotonía, añade el colofón: «Y a pesar de todo éramos felices».

Eran felices, pero tenían un futuro sin futuro. Un porvenir atado al aire. Y por eso los padres fueron mandando a todos los hijos a la ciudad. A unos, los más mayores, a Gijón, donde había industria próspera. Consuelo se vino a Madrid. Una tía suya, instalada en la capital, hacía de instructora: recibía a los emigrados en su casa, les enseñaba durante un mes a moverse por la ciudad y les buscaba trabajo. Y a partir de ahí comenzaba la nueva vida.

Pocos días antes de que Consuelo se fuera de El Engertal llegó la luz eléctrica al pueblo. Fue un acontecimiento tan extraordinario que acudió un cura para bendecirlo (los curas, ya se sabe, nunca han tenido demasiado empacho en aprovechar cualquier ocasión para hacer sus embajadas). Aquella niña pasó de repente de mirar con fascinación una bombilla iluminada —*el coronel Aureliano Buendía había de recordar aquella tarde remota en que su padre lo llevó a conocer el hielo*— a deambular por la ciudad más grande de España, en la que, a pesar del subdesarrollo del país, había ya un deslumbrante colorido de mundanidad. Tal vez en aquel viaje perdió la felicidad. O tal vez la perdió en los cincuenta años que han transcurrido desde entonces, porque a medida que va pasando el tiempo no encontramos ya hielo que conocer ni bombillas que nos alumbren.

Al lado de El Engertal está Robledo, una aldea semejante
–recóndita, minúscula, mantenida casi museísticamente– de la
que por una de esas grandes casualidades me habla alguien en
vísperas de mi viaje: al parecer, un amigo del amigo que me lo
cuenta ha decidido retirarse allí después de la jubilación. Me
explica que desde Madrid tardan en llegar ocho horas en coche y que han acondicionado en la aldea una casa para pasar
temporadas largas. Se trata, una vez más, de la historia de alguien que ha gastado toda su vida en un entorno que le sofo-
ca, y necesita, cuando ha hecho cuentas con la sociedad, cuando no tiene ya obligaciones dinerarias ni deudas morales,
apartarse de ella.

En Robledo, como en El Engertal, hay una visión prodigiosa: se ven las montañas de frente, arboladas, pintadas una
vez más con muchas tonalidades de ocres y de verdes, y se adi-
vina abajo, en el pliegue de la hondonada, la misma oscuridad
luminosa de la naturaleza. Desde allí no se escucha el río del que
Consuelo me ha hablado, pero se presiente el tacto del agua,
que en Asturias siempre va en el perfil del cielo.

Hay dos hombres haciendo tareas agrícolas. Uno, con el pelo
canoso recogido en una coleta, anda de parte a parte del pue-

blo. El otro, adusto, también de mediana edad, hurga en la tierra. No me atrevo a hablar con ninguno de ellos. Me conformo con observarles y con pensar si serán ellos los que, a la edad del retiro, han elegido el destierro.

Hay voces de niños en una de las casas, lo que, en toda esa ruta que he ido recorriendo, resulta extraño y tal vez perturbador. La soledad parece ser incongruente con esos gritos alborotados. Me pregunto entonces si lo que ando buscando es un cementerio hermoso, un nicho levantado en piedra sillar y con tejado de pizarra. La idea, literariamente, me parece atractiva. Siempre he tenido una cierta claustrofobia y, desde que decidí que me incineraran cuando llegase la hora, una difusa sensación de posteridad inexistente. Si pudiera hacer que mi cuerpo fuera abandonado en una de esas casas solariegas, frente a una ventana desde la que se divisaran ese panorama de montañas o el mar, moriría sin duda más tranquilo. La carne se iría pudriendo hasta desaparecer y perduraría solo un esqueleto mal armado. Los ojos que miraran esos paisajes no serían ya ojos, sino agujeros del cráneo, grandes fosas en las que no quedarían registros ni recuerdos. A pesar de eso, tengo ahora la sensación de que permanecería más vivo, estando muerto, y de que mi espíritu no andaría así por el purgatorio, que es un espacio al que, por su anfibología, le tengo un profundo aborrecimiento. Pedro I de Portugal desenterró a Inés de Castro, la hizo vestir de reina y obligó a todos sus súbditos a que la agasajaran al coronarla. Nadie duda de que estaba loco y de que el suceso es extravagante. La primera vez que leí la historia, sin embargo, no me llamaron la atención ni el estado mental del rey ni el sentimiento de humillación de los nobles portugueses que tuvieron que arrodillarse ceremoniosamente ante el cadáver. No me interesó tampoco —aunque era uno de los temas que más me apasionaban en la época— el análisis de las alucinaciones que provoca el amor. Me pregunté, en cambio, como

124

si yo mismo estuviera loco, qué había sentido aquella mujer al ser por fin desposada por el hombre al que adoraba. Qué había pensado ese esqueleto al ver pasar ante sí a todos aquellos que le habían despreciado antes, cuando era aún una mujer viva. Ahora, muchos años después, mientras me burlo de mi propia ocurrencia, no puedo dejar de creer que Inés de Castro estaba allí y de que encontró en aquel paseo nupcial un resarcimiento. Del mismo modo, tengo la seguridad de que si alguien dejara mi cuerpo muerto en una aldea también muerta, de cara a uno de esos paisajes que nadie mira, encontraría una forma de resurrección.

A los dieciocho años de edad descubrí la literatura de Julio Cortázar, y ese mismo año leí todos sus cuentos (salvo los de su libro *Deshoras*, que aún no se había publicado). Uno de ellos, incluido en *Octaedro*, cambió mi forma de entender el mundo. La fascinación que sentí fue tan grande que quise rodar una película basada en él —lo hice, en realidad, aunque fuera con la precariedad del super-8— y he mencionado ya su argumento en alguna de mis obras. Se titulaba «Manuscrito hallado en un bolsillo» y hablaba del destino y de los modos que tenemos los seres humanos de afrontar la vida. Su protagonista entra cada día en el metro de París con la voluntad de echar a suertes su propia fortuna. El metro de París es como un árbol cuyas ramas se bifurcan una y otra vez hasta la espesura. Tiene infinitas rutas posibles, una cadena de combinaciones casi inabarcables. Es un monstruo mondrianesco, como decía Cortázar. El personaje de «Manuscrito hallado en un bolsillo» decide jugarse su vida amorosa en esa ruleta subterránea. Elige anticipadamente un itinerario y condiciona su suerte a que se cumpla. Las reglas son estrictas: la mujer que le atraiga debe bajarse en una determinada estación, hacer el transbordo que él haya prefijado, recorrer otro trayecto hasta la nueva estación estipulada en el itinerario establecido y salir ahí a la calle. Si todo eso se cumple, el hombre puede abordarla, hablarle y tratar de conquistarla. Si, por el contrario, la mujer no abandona el vagón donde ha sido dispuesto o hace el transbordo equivocado, él debe dejarla marchar. Aunque crea que es la mujer de su vida, está obligado por las reglas del juego a desentenderse de ella.

El azar. El azar como hilo que hilvana las costuras de lo que somos. El azar como brújula –paradójica– de nuestra voluntad. Ese es uno de los grandes temas de la literatura de Julio Cortázar. A veces tenemos la candidez de creer que somos nosotros quienes decidimos la fortuna que nos acompaña, pero cada uno de los hechos importantes de nuestra vida está sometido a una cantidad ilimitada de requisitos, de coincidencias y de chiripas, como el amor del protagonista de «Manuscrito hallado en un bolsillo». Tomar la decisión de convertir esas contingencias en un juego lleno de reglas es, en el fondo, anticiparse a la providencia. «Juego de azar», se dice en castellano con cierta redundancia. El juego siempre está determinado por el azar. Pero puede ser uno mismo quien establezca las leyes. Amar a una mujer, en ese caso, no será nunca el fruto de un albur, sino el resultado de un plan. Aunque parezca contradictorio, obrando de este modo no se tendrá la sensación de que el azar ha sido más importante que el albedrío: se creerá, al contrario, que por primera vez las cosas ocurren forzadamente, por el designio de quien creó las reglas.

Me acuerdo de este relato de Julio Cortázar mientras recorro por carretera el Parque del Navia asturiano. Hago recapitulación de ese viaje largo en el que estoy embarcado: salí de Madrid en busca del Amazonas, guiado por un cuaderno en el que había anotado, después de preguntar a mucha gente, los nombres de lugares escondidos o apacibles, de pueblos quietos, de casas perdidas en mitad de la montaña o en la esquina del mar. Viajé de un sitio a otro disciplinadamente, como si aquella búsqueda fuera la de un detective privado que debe hallar al autor de un crimen o la de un explorador que trata de encontrar las fuentes de un río o de medir las magnitudes de un accidente geográfico. Pensé, al partir, que era una indagación científica; que tendría que seguir pistas, depurar la información que obtuviese, contrastar opiniones y abrir sendas vírgenes para llegar a Eldorado, Asgard, la Atlántida o Avalón. Cuando salgo de El Engertal y de Robledo, sin embargo, me doy cuenta de que el trazo de esa investigación es, como la arquitectura del metro de París, infinito. Entro en algunas aldeas de las que nadie me ha hablado antes y contemplo desde el coche lomas remotas en las que hay una mancha de casas, travesías de tierra que conducen a alguna parte, riberas o bosques en cuyas lindes alguien vive o vivió en algún tiempo. Desdoblo sobre las piernas un plano de la región que estoy recorriendo y encadeno nombres que nunca antes había oído: Sarzol, Navedo, Riodecoba, Buyaso, Langrave, Argolellas, Lendelforno, Entrerríos, Carbayal, Silbón, Sarceda, Magadán, Tamagordas, Bustabernego. Son topónimos de una sonoridad insinuante. Todos los lugares están, según el mapa, en carreteras secundarias o terciarias; carreteras comarcales que, a pesar del espectacular progreso viario español de las últimas décadas, son en ocasiones estrechas y tortuosas, culebrean llenas de curvas y tienen un firme deficiente. Algunos de ellos están incluso en carreteras muertas, al final de caminos que no pueden seguirse, de modo que nadie pasa por allí si no va expresamente. A veces, aunque tengan nombre de municipio y figuren en los registros administrativos, se componen de una única casa, una construcción con un terreno alrededor. Son poblaciones olvidadas, refugios en los que cada mañana, al salir el sol, solo se escuchan los ruidos de la naturaleza y en los que a lo largo del día no ocurre nada.

En Pinarnegrillo o en San Miguel de Serrezuela busqué los recuerdos de mi infancia. En Riba de Santiuste o en Tobes seguí el rastro complaciente de la vecindad de Madrid. En Los Ancares y en el sur de Lugo traté de encontrar el paraíso agreste de algunas personas solitarias y abstraídas. Y llegué a esta región de Navia, montañosa y salvaje, tras la pista de otros, husmeando en los terrones de gentes que me hablaron de ese paisaje. Como quien se monta en el metro para llegar a alguna parte y estudia los transbordos que debe hacer y las paradas que va a atravesar en su camino. Para apartarse del mundo, sin embargo, quizá sea más conveniente el azar. Mirar un mapa topográfico, examinar los accidentes naturales –los ríos, las curvas de nivel de las montañas–, pronunciar en voz alta los nombres de los pueblos y elegir luego un rumbo sin saber nada. Saint-Fargeau, Malesherbes, Parmentier, Exelmans, Jasmin, Boissière, Chaville-Vélizy, Lourmel, Colonel Fabien, Église de Pantin, Buzenval: son estaciones del metro de París en las que el protagonista de «Manuscrito hallado en un bolsillo» seguramente nunca habrá tenido que bajarse para visitar a alguien o para hacer algún trámite y de las que nadie le habrá hablado diciéndole que son hermosas o que forman parte de un barrio animado. Y, a pesar de ello, quizás en una de esas estaciones vaya a apearse la mujer de su vida. Por eso, cuando por las mañanas analiza el plano mondrianesco para establecer la ruta del día, debe tomarlas en consideración también. Confiarse al azar, cerrar los ojos y apoyar un dedo en el papel.

Antes de comenzar mi búsqueda, no sabía que España es un escondrijo inacabable. No hay un sitio perfecto o excelso para marcharse, sino una infinitud de ellos. En las montañas de Navia me doy cuenta, así, de que escudriñar tanto es una forma de escabullimiento. Como el donjuán lujurioso que anda de cama en cama con la excusa de que trata de encontrar a la mujer que por fin le enamore, yo recorro carreteras y pongo el pie en aldeas sin desear en realidad abrir el equipaje en ninguna de ellas. Uno de los signos más determinantes de la madurez es el conocimiento de que la perfección está siempre inacabada, de que no existe lo sublime.

Platón inventó el mito de la media naranja, ese que cuenta que en el origen los seres humanos éramos redondos, teníamos cuatro brazos, cuatro piernas y dos sexos. Enfrentados a Zeus con arrogancia, el gran dios, en castigo, nos dividió en mitades, y desde entonces vamos por el mundo buscando esa otra mitad que nos reconstruye. Cuando nos enamoramos verdaderamente de alguien, según este mito romántico, es porque hemos hallado esa parte que nos mutilaron.

Pero nadie nos amputó nada. Somos incompletos y amamos solamente por la necesidad de mirarnos el rostro en algún espejo. No hay un único ser humano que pueda hacernos felices, sino centenares o miles (o quizá ninguno). No vamos buscando una mitad perdida, sino una sustancia ajena y misteriosa —un individuo desconocido— que nos salve. En el mundo hay ahora siete mil millones de personas. Si solo pudiéramos amar verdaderamente a una de ellas, a la que perdimos en un tiempo mítico, estaríamos condenados al desamor y a la soledad. La perfección es casi siempre un entorpecimiento. La perfección, como dice el aforismo, es enemiga de lo bueno.

Tal vez yo también creí en algún momento que había una tierra legendaria de la que me habían expulsado, un pueblo o una aldea en los que viví durante otra vida y que ahora, subido en el coche, trato de encontrar. Tal vez creí que solo en ese lugar podría conocer la prosperidad y el apaciguamiento. En las carreteras de Navia me doy cuenta de que no es así, de que existen innumerables rincones en el planeta —o en España— como el que estoy buscando. Quizá sea un gesto de soberbia pretender que hay un lugar preciso para mí, que se construyó una casa o se acondicionó una zona en un monte o se pintó un paisaje para que yo pudiera ser bienaventurado. Y entonces me acuerdo del final del mito de Platón, cuando Zeus advirtió a los hombres de que si seguían comportándose con la misma arrogancia podría volver a despedazarlos, a dividirlos en dos, de modo que tuvieran una sola pierna, un solo brazo y medio sexo. Me da por pensar que cuando regrese a Madrid mi casa se habrá convertido en la mitad de mi casa, habrá perdido habitaciones, no tendrá ya algunos muebles o ciertos cuadros o recuerdos que fui acumulando a lo largo de los años. Me da por pensar que si sigo buscando un lugar excelso y consumado me convertiré en un indigente vagabundo.

Caminar sin rumbo, dando a veces vueltas circulares, tomando carreteras que retornan al punto de partida por otro lado, es un placer indefinible. Estamos tan acostumbrados a ir a un destino, a tener una meta a la que llegar, que cuando simplemente deambulamos nos parece que aquello no es un viaje, sino un juego. Es la grandeza de la irresponsabilidad. Caminar sin obligaciones, como el niño que ha hecho los deberes y se entrega únicamente a la diversión y a la travesura, sin ser consciente de que pronto tendrá de nuevo lecciones que estudiar y de que las servidumbres nunca acaban. La vida a menudo se devora a sí misma vampíricamente. Un agricultor de la zona, que pasó muchos años viviendo en el Duero y labrando viñas, me explica mientras caminamos por el monte, en busca de una perspectiva de un valle boscoso que quiere mostrarme, en qué consiste el estrés hídrico. Cuando hay escasez de lluvia y a las cepas se las riega poco –por estiaje o por disposición enológica–, la planta chupa su propia agua, la savia de sus sarmientos, hasta desecarlo todo. Se absorbe a sí misma, se descarna. La uva que da, entonces, es más pequeña y tiene más polifenoles. El hollejo y la pulpa guardan una proporcionalidad distinta, los azúcares se concentran y la calidad del vino, según algunos sabios, es mayor.

Adrián, el agricultor que me lo cuenta, no saca ninguna moraleja de la explicación científica. Tal vez él, que tiene más de setenta años y camina ya dificultosamente por las laderas, arrastrando un poco una pierna, nunca ha sufrido ese estrés hídrico. Nunca ha tenido que sorber su propia médula al final del día para seguir adelante. No imagina, por tanto, que esa pericia enológica es una metáfora de nuestro siglo, de la modernidad en la que vivimos. Miles de seres humanos consumiendo cada día más agua de la que han recibido de la lluvia o de las acequias. Miles de seres humanos desecándose, transformando los pámpanos en mugrones, las ramas verdes y tiernas en raíces ásperas que ni siquiera florecerán.

Las manos son la parte del cuerpo en la que más se nota la edad, según dicen. Siempre están a la intemperie, como el rostro, y además tienen ocupaciones obreras, incluso en aquellos que nunca han sido menestrales. En el campo abierto –por la luz del sol, por la desnudez– me doy cuenta con más rotundidad de que me ido convirtiendo en un hombre viejo. El dorso de mis manos está arrugado, pintado de escamas. La piel tiene manchas casi invisibles que la cuartean. Me las miro mientras Adrián me habla de las vides secas. Las suyas, que han ido asoleándose muchos más años que las mías, están apergaminadas. Los nudillos parecen más gruesos, como si el hueso hubiera ido engordando o como si la carne, curtida, se hubiese pegado a él. Parras sin uvas. Hojarasca.

Siempre he creído, románticamente, que la vida se rige como la enología, según las lecciones hídricas de Adrián: si uno agota toda el agua hasta el exceso, si consume más de lo que es capaz de extraerle a la tierra en la que está injertado, el vino al final es exquisito. Uvas pequeñas, racimos compactos, hollejos coloreados de bermellón. Aquel día, mirando las manos de Adrián y mis propias manos, me pongo a filosofar melancólicamente y a elaborar reflexiones burlescas: me pregunto quién se bebe al final ese vino, para qué sirve producir una cosecha excepcional que tal vez ni siquiera llegue nadie a embotellar. Los que tenemos espíritu ramplón y hemos vivido durante años con la idea de la pobreza posible guardamos los manjares siempre para ocasiones extraordinarias. Si llega a nuestro poder una botella de vino excelente, la atesoramos a la espera de una oportunidad jubilosa para descorcharla. Pero las oportunidades jubilosas escasean: algún nacimiento, un aniversario especial, un galardón de cualquier tipo. Y mientras tanto la vida va transcurriendo. El vino pierde su sazón poco a poco y acaba emponzoñándose. La uva deshidratada, de ese modo, se transforma primero en gran vino y luego en vinagre.

Después de salir de Robledo, abandonada ya esa sensación de deber que me ha acompañado durante todo el viaje y que me ha ido desaguando la molicie como si fuera una vid en tierra de secano, veo un cartel en un cruce que indica la dirección de un lugar llamativo: el Alto del Pozo de las Mujeres Muertas. No tomo el desvío, pero me quedo pensando en lo que debe significar nacer en una tierra que lleve ese nombre. La toponimia es una disciplina que puede llegar a ser, en algunos casos, fascinante. Hay nombres que se repiten en muchas poblaciones —*robledos*, por ejemplo, existen varios— y hay otros tan singulares que despiertan la curiosidad: Alquerías del Niño Perdido, Dos Hermanas, Aldeaquemada, Los Infiernos, Tinieblas de la Sierra, Buenas Noches, Pocapaja, Costa Ballena o Peligros. Las explicaciones de esos nombres son muchas veces auténticas historias novelescas —tragedias, acontecimientos épicos, sucesos emotivos—, pero en otras ocasiones solo se trata de leyendas creadas al hilo de malentendidos banales.

Según la tradición oral, unas vaqueras de Luarca volvían durante el invierno a sus casas en busca de algunas ropas y enseres cuando una tormenta de nieve estalló. Las sorprendió en los altos del Candal y se resguardaron allí, en un pozo que se había excavado en época romana para tareas de minería. La tempestad no amainó. Persistió varios días, y las mujeres, desabastecidas, congeladas por el frío de la ventisca, murieron allí. Fueron encontradas en primavera, envueltas en sus mantas. Y por eso se llamó el Alto del Pozo de las Mujeres Muertas.

La explicación verdadera es, sin embargo, más prosaica y tiene que ver con la evolución fonética de la lengua. El pozo minero estaba situado en tierras *mutsares*, que es como se denominaba a cierto tipo de piedra blanda, y con las lluvias se llenaba de aguas estancadas o aguas muertas. *Mutsar* se transformó por confusión en *mucher* y luego *muyer*, que en bable quiere decir *mujer*, y de ese modo «la tierra blanda de las aguas muertas» acabó siendo «las mujeres muertas». La tormenta de nieve y los esqueletos abrigados con mantas fueron creados por la fantasía lánguida de aldeanos a la luz de alguna lumbre. Seguramente hubo muchas ventiscas en la comarca –las sigue habiendo– y muchos cuerpos desaparecidos en circunstancias climatológicas terribles, pero aquellas mujeres del pozo nunca existieron.

El paisaje, para alguien que vive en la ciudad, es un sobresalto incesante. Me acuerdo de las palabras de Elma en Riodeporcos: «A la belleza también se acaba uno acostumbrando». Tal vez los lugareños no sientan ninguna sugestión al contemplar los requiebros infinitos de la tierra, pero yo, que aún no tengo el encallecimiento estético de los ojos, me pasmo en cada vuelta del camino. En un costado de la carretera veo un bosquecillo de árboles negros, carbonizados por algún fuego no muy antiguo, saliendo de entre una frondosidad de helechos otoñados. Troncos negros y pelados –esculturas vegetales de Giacometti– alzándose sobre una espesura rojiza. La desolación creciendo entre flores, la fealdad entreverada en la belleza, la muerte apuntalándose en la misma superficie que la sustancia de la vida.

En el cielo de Berducedo está el arco iris más delineado que he visto jamás. Se levanta sobre los dos extremos del horizonte y tiene los colores bien perfilados, como si hubieran sido trazados con lapiceros. Sobre el pueblo, cubierto de nubes, cae una lluvia fina. Berducedo es un municipio grande, pero sus calles, a la hora del mediodía, están desiertas. Me detengo a comer en un bar que hay al pie de la carretera. Es un local de poca estofa, despersonalizado. Tiene una zona de comedor, decorada invisiblemente, y dos mesas más frente a la barra. Está vacío: ni un solo parroquiano. El mesero, un chico joven con patillas largas y gesto aletargado, me dice que únicamente puede ofrecerme bocadillos. De queso, de jamón y de chorizo. Resignado, acepto y me siento a esperar. La televisión, colocada sobre una plataforma alta, está encendida y retransmite una carrera de *rallies*. El volumen suena a gran potencia, de modo que los coches parecen atravesar la sala. No hay comentaristas, solo el sonido ambiente de los motores mientras la cámara subjetiva instalada en el interior del vehículo muestra la nuca del piloto y los parajes por los que cruza. Al principio no me causa extrañeza, pero al cabo de unos minutos, cuando el ruido sin voces se va apoderando de mi atención, levanto la mirada de mi cerveza para observar al muchacho, que trocea el fiambre y despedaza el pan sin apartar los ojos de la pantalla. Después de servirme, tiene la delicadeza de bajar un poco el volumen, pero no cambia el canal. Hechizado por aquel espectáculo televisivo, se acoda en el mostrador y lo contempla embelesado. Trato de distinguir el nombre del canal, pero con la distancia y mi mala vista no puedo leer la mosca diminuta en la pantalla. Comienzo a comer y de repente me doy cuenta de que estoy mirando al mesero con el mismo embebecimiento con que él mira los *rallies* en la televisión.

Aquel día, en Berducedo, pensé en cosas de señorito mal criado. En las sesiones de madrugada que hay en algunos cines de Madrid, en las exposiciones del Museo Thyssen o de la Fundación Mapfre, en el restaurante Diverxo y en las decenas de restaurantes de todo tipo que frecuento —asadores, japoneses, tradicionales, pizzerías—, en las librerías a las que voy varias veces por semana a mirar libros o a comprarlos, en los actos culturales a los que me invitan, en las galerías comerciales, en los bares donde sirven cerveza de muchas clases y en las vinaterías selectas, en las salas de teatro alternativo, en las escuelas de inglés o de diseño gráfico, en los conciertos del Auditorio de Música, en las actuaciones de los Rolling Stones, de Coldplay o de Luis Eduardo Aute, en los recitales poéticos, en el Parque de Atracciones, en los gimnasios, en el Museo del Prado y en el de Ciencias Naturales, en los festivales de cine gay o de cine documental, en el Cirque du Soleil, en los mimos que posan en la calle Preciados, en los prostíbulos, en las manifestaciones políticas, en las óperas del Teatro Real. Pensé en todo aquello que me ofrece cada día una ciudad como Madrid, en esas ocupaciones heterogéneas y misceláneas que abarrotan mi tiempo. A menudo tengo la creencia, como he dicho ya, de que los males que me aturden se derivan precisamente de esa opulencia, de esa tentación urbana de abarcarlo todo y de llegar a todas partes. En su libro *La izquierda necesaria*, al hablar de la vida buena, el filósofo y periodista Josep Ramoneda escribe: «El presente se nos escapa. Y genera vértigo, porque aunque el presente sea solo un instante entre el pasado y el futuro, era muy confortable la sensación de duración del presente. Aquella duración que tiene su máxima expresión en una larga tarde de tedio voluntario. En el tedio hay un regusto de eternidad. Una de las razones del malestar de la aceleración es que nos acerca a la muerte al galope». Y un poco más adelante: «Todas las experiencias de la vida (amar, pensar, conversar, inventar, crear, comer, jugar, trabajar, desear, dormir) necesitan su tiempo. El culto a la productividad conspira contra ellas. Una de las consecuencias de la aceleración —y de las angustias que la acompañan— es que no damos a las cosas el tiempo que les corresponde. La obsesión por el récord sustituye al placer y al gusto por la cosa bien hecha. ¿Qué es la vida buena si no dedicar a cada cosa el tiempo que requiere?».

La espada y la pared. El vértigo y el tedio. *La traviata* y la retransmisión muda de *rallies* en televisión. Diverxo y el bocadillo de salchichón con pan correoso. ¿Qué es lo que deseo en realidad? Me desalienta, en ese día además lluvioso, contemplar la imagen vacía de ese muchacho joven que ve pasar el mundo desde la nada. Encadenado a la barra de un bar en el que no hay nadie y viviendo como lo haría un reloj de arena: inmóvil, invariable, resignado. El menosprecio de corte y la alabanza de aldea se vuelven cada vez más difíciles, aunque ya sé —nunca ha habido duda— que yo no busco esa paz del enterramiento. Alguna vez le oí decir a alguien que la principal virtud de la afición a la lectura es que redime para siempre del hastío. Quien tiene una biblioteca bien aprovisionada no siente jamás el fastidio de las horas muertas o de los lugares perdidos. Pero tal vez hay algo del aturdimiento provinciano y rural que se contagia. Tal vez convivir con personas que miran los *rallies* en la televisión extasiadamente acaba corrompiendo poco a poco el cerebro y amodorra las ideas. Cuando no hay otro bar al que marcharse ni se puede elegir otra compañía (o solo hay bares y compañías semejantes), el alma debe recocerse como una de esas sopas de la posguerra en las que al agua le echaban todos los días el mismo nabo o el mismo hueso de pollo ya arqueológico para que dieran sabor: todo se queda sin sustancia, se disuelve en una especie de transparencia descompuesta.

Tengo la imagen de una manzana pelada y puesta al sol. Su carne se ulcera, su color se va oxidando. Lentamente se pudre y se contrae. Se vuelve primero parda y luego oscura. Le crecen gusanos. Se desintegra. ¿Es así la vida aldeana? ¿Sirven el silencio de la noche, las arboledas esmeraldas o cobrizas y la visión nocturna del cielo estrellado para compensar la pérdida de los restaurantes cosmopolitas y de los dramas teatrales? ¿El bullicio de la Gran Vía de Madrid y las aglomeraciones de los transportes públicos no adoban la razón al mismo tiempo que la extenúan?

Siempre deseamos vivir muchas vidas, pero a veces queremos vivirlas todas al mismo tiempo, y eso no es solo quimérico, sino ontológicamente incomprensible. Sueño que el arco iris de Berducedo está en el barrio de Moncloa en el que vivo, que los montes frondosos se escarpan junto a la plaza de la Cibeles, que los castaños descargan sus frutos por todas las calles de la ciudad. O sueño, como los niños que creen aún en la ciencia-ficción, que metiéndome en una máquina de aspecto espacial, con muchos tubos y conectores luminosos, me traslado de un lado a otro en un instante, recorro miles de kilómetros en un relámpago con solo apretar un botón: viajo desde mi casa hasta el monte asturiano cuando lo necesito y regreso luego en la misma máquina mágica a tiempo para asistir a la presentación de un libro o a un cóctel social. No tengo, así, que comer bocadillos en bares solitarios ni que acostumbrarme a escuchar mi propia voz como única voz humana.

Boal es otro de los lugares que forma parte de mi imaginería personal. Los antepasados de una de mis grandes amigas, Covadonga, levantaron allí una casa solariega que aún pertenece a la familia y en la que ella ha pasado largos periodos de vacaciones desde su juventud. Había oído hablar tanto de Boal con asociaciones idílicas —el sosiego de un paraje celestial en contraposición al torbellino madrileño— que había llegado a creer que era uno de esos pueblos escondidos y apacibles en los que puede uno apartarse del mundo. Cuando emprendí el empeño de saber si el río Amazonas atravesaba España e hice planes, además, de viajar a esa zona del país, le pedí a Covadonga que volviera a contarme algo del lugar.

Enseguida me di cuenta de que Boal no era, en contra de lo que yo había fantaseado durante tantos años, sin razón para ello, una aldea pastoril, pues Covadonga me dio la tarjeta de un amigo suyo que regentaba una papelería, y las aldeas pastoriles no tienen papelerías. A pesar de ello, me dirijo hacia allí, pues Boal, capital del concejo, está rodeado al parecer de pequeños poblados. Tengo, además, un interés biográfico en conocer el lugar y he reservado una habitación en una de esas aldehuelas de los alrededores que, con nombre propio, dependen administrativamente de Boal.

Desde Berducedo hasta Boal no llevo senda. Tengo tiempo suficiente antes de la caída del sol y me extravío deliberadamente en aquellos montes. Desde la carretera, al pasar, veo decenas —centenares— de grandes casonas abandonadas, algunas de ellas medio en ruinas. He hecho viajes de carretera por Alemania, Francia o Gran Bretaña y no recuerdo haber visto nunca esa devastación, esa decadencia paciente e infinita. España es tal vez un solar desabrigado. Un país en el que mucha gente busca casa —la mayoría para poder vivir; no, como yo, para penar a ratos solitariamente— mientras albergues y mansiones de todo tipo se derrumban. Aunque fueron escritos para un fin más elevado, me acuerdo de aquellos versos de Quevedo: «Miro los muros de la patria mía, / si un tiempo fuertes ya desmoronados». A veces, con artificios filosóficos o políticos de raigambre tibia, soy capaz de justificar, o al menos de comprender, algunas de las infamias de la vida: la desigualdad de alguien que es guapo frente a otro que provoca repugnancia, la discriminación de aquellos que han nacido en situaciones miserables, la disparidad del juicio entre seres inteligentes o el menoscabo de la razón que hacen los fanáticos y los majaderos. Soy incompetente, sin embargo, para descifrar estos desvaríos de la sociedad. Yuma, en Espinareda de Vega, me explicó cómo muchos de los propietarios a los que había intentado comprar las casas derruidas de Villarbón —herederos desinteresados casi todos— preferían ver cómo las devoraban la hiedra y el verdín antes que desprenderse de ellas. Luz, en Ernes, me contó algo parecido: personas que no quieren vender sus casas por nostalgia, por resentimiento o por ruindad y que las dejan caer hasta que son rastros de la nada.

La gente que tiene exceso de dinero se vuelve perversa. Hace tiempo que se viene hablando en las sociedades en las que vivimos de la renta social básica, un salario mínimo que garantizara a cada ciudadano, por el simple hecho de serlo, sus necesidades de subsistencia. Tal vez en algún momento deba comenzar a hablarse de la renta social máxima, que, a pesar de la inhibición económica que generaría, acarrearía numerosos beneficios a la convivencia y al paisaje. Es verdad que las casas abandonadas no son solo patrimonio de los hidalgos que no tienen suficiente recompensa por atender su hacienda, sino también de locos, de melancólicos y de vengadores, como he dicho. Pero cuesta entender que esos muros de casas a veces palaciegas, situadas en altozanos y miradores desde los que es posible vislumbrar la beatitud sin sombras, puedan ser demolidos por el tiempo tan complacientemente.

En ocasiones, desde la cima de un monte, en algún requiebro de la carretera con buena visibilidad, se puede avistar una amplia región de terreno y comprobar así que el aislamiento de las aldeas no es tan exagerado como se cree. Con la perspectiva de la distancia se observa que entre unas y otras existen trechos cortos. Aunque los caminos sean tortuosos y en algunas épocas del año inaccesibles, las casas son vecinas.

En una de las carreteras cruzadas que recorro me encuentro con dos tractores que obstruyen el paso. No logro interpretar el tipo de maniobra que están haciendo: parece al principio que uno adelanta a otro, pero enseguida me doy cuenta de que avanzan en paralelo sin rivalidad, y tan cerca uno del otro que se me ocurre pensar que simplemente regresan del trabajo conversando. Siempre he tenido la sensación de que viajar en tractor por carretera es un acto asfixiante. La velocidad es casi la de un cuerpo humano joven y sano, pero la emoción no es la del paseo o la caminata porque se avanza montado sobre una máquina ruidosa, vibrante y fea. No se mira el paisaje con la lentitud que lo mira un peregrino, sino con la incapacidad de un impedido.

Durante un rato camino tras ellos, tratando de encontrar placer en aquella procesión. No tengo prisa, y esos son, según creo, los compases del ritmo que estoy buscando: dejar que la vida pase sabiendo que al final, cuando lo haya hecho, cualquier matiz será irrelevante. Al cabo de unos minutos se desacoplan y uno adelanta al otro, dejando una vía libre. Durante un instante siento la tentación de mantener el paso, de seguir esa fila india como un tractor más. Pero seguramente sería tomado por burla y no lo hago.

El cielo se abre y se cierra prodigiosamente. De repente se oscurece todo, y a continuación se despeja la tempestad como en un soplo y luce un cielo azul diáfano que convierte las montañas en una paleta de pintor. La arquitectura es también en aquella zona una acuarela de colores. Los indianos, venidos del Caribe, construían sus grandes casas –emblemas de su triunfo– y las pintaban con esas tonalidades apasteladas que distinguen los barrios coloniales de La Habana o de Cartagena de Indias. En Boal, la gran calle es conocida como «la de los indianos», porque en ella se suceden las grandes mansiones construidas por los emigrantes retornados a principios del siglo pasado. Adyacentes unas a otras, compiten –o compitieron, más bien– en esplendor. El azul celeste, el rosa desvaído, el naranja pálido, el amarillo o incluso una tintura del rojo que tira a carmesí, con las molduras de las ventanas casi siempre blancas, dan la gama de las fachadas de esas casas que sobreviven a otra época.

En la mayoría de las aldeas del concejo de Boal, que hoy apenas tienen habitantes y que en sus tiempos de gloria llegaron a albergar, como El Engertal, como Robledo, a una decena larga de familias, hubo escuela. Hoy se conservan los edificios, abandonados o reconvertidos a otros usos. Esas escuelas fueron costeadas por los indianos, que, además de lucir su propia honra construyendo mansiones familiares, querían contribuir a la de su lugar de nacimiento engrandeciéndolo. No solo eran engreídos: también eran filántropos. Y consideraban —en esos tiempos en los que la Ilustración aún dejaba una sombra larga, incluso en España— que la educación era un bien mayor, un gallardete del que podía sentirse orgullo. Aquellos hombres que habían crecido entre vacas y que habían tenido que emigrar porque pasaban hambre, no querían, ahora que tenían dinero, que ninguno de los hijos de sus vecinos fuera ignorante. Algunos seguramente no habían aprendido a leer ni a escribir, pero sabían que en la cultura está siempre la llave que se necesita para salir de la miseria.

Paso la noche en Las Viñas, a las afueras de Boal. La casa, que tiene más de ciento cincuenta años y que fue levantada por otro de los antepasados de Covadonga, según me entero después, es una de esas obras maestras de la rehabilitación rural que, gracias al dinero público, permite disfrutar de posada placentera en lugares que hasta hace poco eran infranqueables para el turista aburguesado. Es difícil hacer un cálculo de las necesidades reales de alojamiento aldeano que necesita un país como España, y tal vez, hecho ese cálculo, pueda llegarse a la conclusión de que hospedajes como el de Yuma, en Espinareda, el de Elma, en Riodeporcos, o el de Las Viñas, en Boal, son excesos aristocráticos que no tienen justificación económica. La complacencia que se siente al encender la chimenea, al dormir en habitaciones de cuatro metros de altura o al despertar en medio de las montañas con un jardín de árboles frente a la ventana no puede medirse, sin embargo, en unidades monetarias.

Desde Boal subo hasta el alto de Penouta. Una vez más, a medida que la carretera se eleva y se va teniendo vista de pájaro, la belleza de la cáscara del mundo adquiere toda su dimensión. Hay una cierta religiosidad en esa contemplación. Todo se vuelve del tamaño de un corazón humano. En el alto, caminando un poco, puede llegarse a un mirador desde el que se divisa con nitidez –es un día claro, resplandeciente– el cabo de Estaca de Bares y, más cerca, toda la costa asturiana de ese meridiano: Ribadeo, Tapia de Casariego, Navia, Puerto de Vega. Desde el punto en el que me encuentro hasta la costa, en línea recta, hay catorce kilómetros, según la cuenta que hago con la escala del mapa. Parece, sin embargo, que está al lado, a la distancia de un lanzamiento de piedra.

Me quedo durante mucho tiempo allí, ensimismado, estudiando las sombras de casas en la lejanía, las estrías de los peñascos, las tonalidades del azul marino, el trazo quebrado del litoral, las manchas urbanas. A veces el mundo es sobrecogedor. Y, como siempre, discordante, porque en aquel alto está ubicado uno de los repetidores de televisión que da señales a la comarca y en el interior de sus instalaciones hay grandes motores que producen un ruido ensordecedor. Es difícil abstraerse en la belleza con las voces de las máquinas resonando alrededor. El romanticismo agreste se desvanece. El monte parece una herrería. Todo, en fin, hierve. Es posible que haya un mundo que ha desaparecido y que no volverá nunca. Ese mundo en el que alguien podía esconderse de todo y vivir apartado.

Los zumbidos de los motores del repetidor de televisión y los grandes molinos eólicos son obras incontestables del ser humano. Ennegrecen la naturaleza. Están allí, omnipresentes, para cumplir su servicio –las ondas electromagnéticas, la energía– pero también para atestiguar que el mundo es distinto y que no quedan ya, como en el valle de Shokawa en Japón, refugios para los forajidos.

En el mirador de Penouta, colocándome en una posición en la que las ráfagas de viento me den de lleno y así tapen el ruido de la maquinaria, hago un recuento de las cosas que busco y que, a estas alturas de la vida, cuando la ingenuidad y la pureza no van ya a volver a mí –nunca vuelven–, pueden consolarme. Las cosas esenciales, indispensables, que no tienen contrapartidas. Son ocho, aunque seguramente haya olvidado alguna: la luz, el silencio, los árboles a campo abierto, el océano, los libros, una casa grande, el vino y las avenidas llenas de gente. Están, además, los nombres propios, que son siempre más importantes y más indispensables. Esos nombres forman, al cabo, el perfil del mapa, porque en el planeta hay cerca de seiscientos mil kilómetros de costa y la Amazonía, sin contar el resto de las regiones arboladas, tiene siete millones de kilómetros cuadrados de vegetación, pero yo solo amo a una persona, solo tengo un padre, una madre y dos hermanas, y solo cuento con un grupo de amigos.

La luz, el silencio, los árboles a campo abierto, el océano, los libros, una casa grande, el vino y las avenidas llenas de gente. No hay ningún lugar donde puedan reunirse todas esas cosas, pero si se hace un análisis descriptivo es posible que las coordenadas geográficas que resulten sean las de un terreno de arenas movedizas.

Es en Penouta donde tomo la decisión de restablecer mi disciplina de viaje, aunque sea de un modo todavía libertino. Miro hacia el este, en la costa, y trato de adivinar fantasmalmente —es imposible que la vista llegue hasta allí ni en los días más claros— dónde está Comillas. Me he acordado de mi amiga María Tena, que tiene en los alrededores de aquel lugar una casa que reúne muchas de las trazas que busco. La luz, el silencio, los árboles a campo abierto, el mar cercano —la playa de Oyambre, que es una de las últimas playas desenladrilladas de España—, los libros, la propia casa, de espacios grandes, y el vino. No tiene avenidas llenas de gente, y por eso, tal vez, María sigue viviendo en Madrid. Hago propósito de pasar por allí en ese recorrido vertiginoso, *kerouaquesco*, que voy a realizar por toda la costa cantábrica de camino a la última estación de mi viaje: la aldea de Lakabe, en Navarra. En el mapa marco los puntos de las paradas: Celorio, donde viví hace años uno de los episodios sentimentales más devastadores de mi vida; Larteme, al lado de Comillas, donde visitaré a María Tena; Argoños, junto a Santoña, donde viven mis suegros; Bilbao, la ciudad de mi marido, que tiene —aunque no siempre— avenidas llenas de gente, y por fin Lakabe, una especie de comuna que forma parte del término municipal de Arce, en el prepirineo navarro.

La carretera que va desde Penouta hasta La Garganta es la peor que he encontrado en mi viaje. Está llena de socavones y de descalabros. El paisaje, sin embargo, no desmejora: algunos valles se abren a la derecha, hacia Vegadeo, y otros hacia la izquierda, atravesando la sierra de la Bobia. Hay una vegetación de matojo bajo, como de estepa, pero con un verde muy intenso. Y en las laderas se ven manadas de caballos patacones corriendo libres o pastando.

Desde La Garganta me dirijo al norte, a un pueblo llamado Almallos, en el que hay un restaurante que mi hospedera de Boal me ha recomendado. El pueblo, como otros de la zona, resulta ser una sola casa: el propio restaurante y la vivienda adyacente. Una vez más es fin de ruta, no hay camino que continúe, de modo que hasta allí solo acuden los que buscan expresamente el lugar. He ido al olor de la buena mesa, pero me encuentro con que los dueños, Juan y Raquel, son personajes también de esa huida que quiero pintar. Ella, que se encarga de la sala, es de Madrid; él, que guarda los fogones, de Bilbao. Se fueron a Almallos en busca de la calma. Del silencio. De la soledad. Rehabilitaron una gran casa con unas vistas espectaculares a la montaña, aunque esta montaña no es la más soberbia de las que pueden verse en la zona. E instalaron allí su restaurante, en un salón de techos muy altos de los que caen lámparas largas como goterones. Tienen huerta, recogen frutos silvestres —los arándanos son su emblema— y, además de servir comidas, preparan mermeladas y otros productos ecológicos para vender. Solo aspiran a sobrevivir, a llevar una vida tranquila y sin apreturas.

Después de tantos días de andar entre montañas, se siente un desahogo casi fisiológico al llegar al mar. Esa vieja disyuntiva entre unas y otro no es insignificante: cambia la forma del pensamiento. El horizonte –limpio o sinuoso– determina lo que se ve. En la montaña no se ve nada, todo se presiente o se imagina. En el mar, en cambio, se contempla la inmensidad, más de lo que uno desea conocer y de lo que alcanza a discernir. El mar, para algunos, es sosiego; para otros, desarreglo o enajenamiento. La quebradura del monte, intimidad o atolladero.

Viajo junto al mar sin pensar en nada. Como pescado en un restaurante de San Vicente de la Barquera con María Tena, me detengo melancólicamente en las playas de Celorio, duermo en Argoños, busco el bullicio en las zonas de Bilbao que lo tienen y enfilo por fin hacia el último puerto: Lakabe. Aún no sé si viviré algún día en el Amazonas. Sé ya, sin embargo, que el Amazonas no existe.

En 1980, unas personas que vivían en los alrededores de Arce perdieron sus cabras en el monte. Se pusieron a buscarlas y encontraron, como si fueran exploradores o arqueólogos, un pueblo abandonado. Estaba en ruinas y cubierto por la vegetación. Tal vez en peores condiciones que Villarbón cuando Yuma llegó allí. Era Lakabe.

Lakabe, en el norte de Navarra, cerca del Pirineo, formó parte de esos lugares que se despoblaron en los años cincuenta y sesenta por culpa de los estímulos que el poder daba para trasvasar mano de obra desde el mundo rural a la industria urbana. Era más costoso dar servicios a los habitantes del valle de Arce –llevar la luz, acondicionar carreteras– que enviarles a otras partes con mayor accesibilidad y con una rentabilidad política más visible. De ese modo, se les invitó a que se marcharan a zonas industrializadas y se les ofreció un trabajo. A veces, cuando se cuenta la historia del éxodo rural español de esa época, se describe de forma que parezca un movimiento espontáneo y natural, un fenómeno social cuyas únicas causas eran psicológicas: la irresistible atracción que ejercía la ciudad. Lo cierto, sin embargo, es que las condiciones del campo, y sobre todo las de algunas zonas apartadas de la red principal del país, fueron desamparadas, dejadas a su suerte, y el único modo que existía de labrar un futuro era marcharse.

Las tierras de Lakabe son poco fértiles. Era difícil cultivar nada y la gente vivía únicamente del carbón y del ganado. Acabaron yéndose, y el pueblo fue cubriéndose año tras año de espesura y de destrucción. Hasta que en 1980 aquellas personas que habían perdido las cabras lo encontraron y decidieron instalarse allí. Desde entonces, con muchos avatares, ha sobrevivido. Hoy tiene cincuenta y cinco habitantes radicados y una población flotante variable. El mayor del pueblo tiene sesenta y tres años; el más pequeño ha nacido dos semanas antes de que yo llegue.

Algunos dicen que Lakabe es una ecoaldea. Otros, que se trata de una comuna. O de un pueblo ocupado. O de un fortín revolucionario. Los nombres no son innecesarios ni banales. Sirven para comunicar y para representar algo. Pero casi nunca pueden ofrecer todo lo que encierran. Si una rosa es una rosa es una rosa, según decía Gertrude Stein, Lakabe es Lakabe. Nada más.

Lakabe está en un paraje de montañas bajas. Aún es otoño, pero el paisaje, a diferencia del de Los Ancares o del monte asturiano, a diferencia del mar, tiene una atmósfera de desolación singular, desvinculada de la climatología. La vegetación y los colores son, de algún modo, el estado de ánimo de la naturaleza.

A la entrada del pueblo hay una zona de aparcamiento con varios vehículos estacionados. Son todos –o casi todos– de los habitantes de Lakabe, que comparten la propiedad comunal de diez coches. La calle principal, por la que entro, está limpia y empedrada. Las casas, que fueron levantadas de los cimientos de las ruinas que se encontraron hace más de treinta años los pioneros de las cabras, conservan el aire tradicional y tienen aspecto de estar bien acondicionadas. Una mujer joven a la que le pregunto me lleva hasta la casa comunal, que es una especie de centro de operaciones de todo el pueblo. En la puerta hay jolgorio y barahúnda: un grupo de jóvenes conversan, cantan y ríen. Enseguida avisan a Carlos, que es la persona que va a enseñarme el pueblo y a contarme las normas básicas de Lakabe.

Carlos está en la treintena, pero no soy capaz de precisar su edad con más exactitud. Lleva tres años en Lakabe, y antes de eso estuvo viviendo catorce años en un caserío de Guipúzcoa. No tiene remilgos ni se enreda en divagaciones para explicar que Lakabe es una propuesta de rebeldía social, un modo diferente de organizar la convivencia y de mirar el mundo. Y aunque se trata de una experiencia personal, que asume quien desea, no tienen voluntad de isla, sino que se proponen a sí mismos como modelo y persiguen activamente la transmisión de su experimento.

Reciben más de mil quinientas personas cada año, aunque para poder atenderlos con diligencia y al mismo tiempo continuar con la actividad normal del pueblo, limitan los periodos de visita. Algunos de los que llegan allí lo hacen movidos por la curiosidad. Otros –sobre todo en los tiempos de penuria–, empujados por la necesidad. La mayoría, sin embargo, busca conscientemente un modo nuevo de vivir. Están desengañados de esa sociedad violenta y alienante que les cobija y tratan de encontrar otro patrón de relaciones, de economía productiva, de conexión con el medio ambiente y de gobierno de su tiempo.

A esas personas que se acercan a Lakabe no les exigen nada. Su propósito es que vivan un proceso íntimo para saber dónde están y qué es lo que implica. Es decir, que contraigan ellas mismas la responsabilidad que les corresponda. «No le pedimos a nadie que elija un trabajo, que comparta obligaciones o que forme parte del reparto de tareas de la economía del pueblo», dice Carlos. «Eso sería tanto como repetir el molde de la sociedad que rechazamos. Hay gente que puede aportar trabajo físico. Hay otra, en cambio, que lo que aporta es emocional. Lo que siempre exigimos es compromiso con Lakabe, con la comunidad. Pero cada uno debe descubrir sus potencialidades y apoyar con ellas al grupo. Solo surgen problemas cuando alguien está sin hacer nada y aislado. En ese caso no tiene sentido que permanezca aquí. El objetivo es romper con esa dinámica perversa del capitalismo que intercambia trabajo físico por remuneración. Eso es lo que nos hace infelices y lo que no estamos dispuestos a repetir. Lakabe es otra cosa.»

El diccionario de la Real Academia dice que la utopía es un «plan, proyecto, doctrina o sistema optimista que aparece como irrealizable en el momento de su formulación». Los avinagrados y los apostólicos siempre tratan de que la lengua comulgue con sus ruedas de molino y quieren hacernos creer que hay determinadas fórmulas sociales que son incompatibles con la naturaleza humana. Yo mismo, a veces –y no por avinagrado o por apostólico, sino por melancólico–, he creído que no merece la pena emprender el esfuerzo de transfigurar la realidad porque el corazón de los hombres no lo permitiría. Lakabe, sin embargo, lleva en pie tres décadas. Algunos fueron marchándose, pero ya han nacido allí los nietos de aquellos que descubrieron el pueblo en ruinas. Sus habitantes no predican la frugalidad ni la misantropía. No tienen un santoral revolucionario ni una guillotina en el centro de la aldea. Simplemente intentan enaltecer sus convicciones de la única manera que es posible hacerlo: cumpliéndolas.

Tampoco son seres astrales ni murciélagos. Usan internet, conducen coches, van a las fiestas y a las discotecas de las ciudades, se relacionan con todo tipo de gente y, como Shylock, sangran si les pinchan, ríen cuando les hacen cosquillas y sienten deseos de vengarse cuando les ofenden.

Mientras Carlos me explica las reglas sociales de Lakabe, vuelvo a acordarme, como en Coro, de esas dos personas cercanas a mí que emplean su vida en moralidades contables, en registrar financieramente los actos y las exaltaciones. Y pienso en la revolución cultural de Mao y en el cruce de caminos que lleva a algunos a adorar a monstruos tan distintos. ¿Es cierto que cualquier individuo si le pinchan sangra? ¿Es cierto que el dinero, al ser tocado con la yema de los dedos, cubre la piel de azufre? El rey Midas no podía acariciar a nadie porque lo convertía en oro. La ambición es una enfermedad dermatológica, una afección que se contagia en ocasiones con el pensamiento.

Los habitantes de Lakabe no sueñan con ser ricos, pero procuran subsistir con dignidad en medio de esta tempestad. Tienen en el pueblo una tahona, con todos los permisos y las licencias legales, en la que fabrican cada día pan que distribuyen y venden en tiendas de toda la comarca. Venden también, aunque en menor medida, zumos, jabones, cerveza y los excedentes de quesos que producen. Uno de los habitantes de Lakabe tiene un trabajo remunerado fuera del pueblo, y otros dos hacen ocasionalmente tareas para el exterior. Realizan además durante todo el año cursos diversos —desde matemáticas vivenciales hasta yoga— con los que obtienen ingresos. Todo ello va a una caja común de la que, como en las economías familiares, se reparte a cada cual según las circunstancias.

Alimentariamente son casi autosuficientes. Tienen una extensa fauna de animales productivos: cabras, ovejas, caballos, cerdos, vacas, gallinas, abejas o patos. Y cultivan en sus campos verduras, frutas y hortalizas. En lo que se refiere a la energía también son autónomos, y tienen un control de gasto estricto para no despilfarrar ese bien escaso: usan bombillas de bajo consumo, tienen un solo frigorífico en todo el pueblo y a las lavadoras les han quitado la resistencia del agua caliente para que solo empleen agua fría. Han instalado placas solares para la electricidad, que se obtiene además de una turbina y de un molino. Cuando todo esto no es suficiente, usan un generador. La calefacción y el agua caliente, como la cocina, funcionan con leña.

La planificación en Lakabe está concebida como el mecanismo de una máquina: tiene que encontrarse continuamente lubricada para que nada falle. Ninguna cosa se deja a la improvisación, salvo la misma vida. El comedor central, en el que desayunan, almuerzan y cenan cada día todos los habitantes y algunas personas más que andan de paso, está en la casa comunal. Los turnos de cocina, como los de limpieza de las letrinas, son las únicas tareas que se reparten igualitariamente entre todos. Al lado del comedor está la cocina, de leña, y luego la despensa. En verano montan una cocina exterior y aprovechan el buen tiempo para comer frente a la casa. El uso de las lavadoras también se reparte por turnos: cada casa tiene asignado un día de la semana para que el consumo de agua y de electricidad sea equilibrado.

En la planta superior de la casa comunal hay habitaciones para que pernocten los visitantes. Allí se encuentra también la sala de actividades, donde se imparten los cursos y las clases escolares que reciben los niños del pueblo. Hasta hace pocos años, los más pequeños acudían, en el municipio de alrededor que correspondiese, a la escuela reglamentada. Pero la última generación de infantes decidió, de acuerdo con los padres, que no querían hacerlo, y desde entonces siguen un proyecto educativo personal en Lakabe. En la actualidad hay catorce niños menores de trece años. Estudian matemáticas, leen libros o aprenden música, pero no cursan ningún plan de estudios oficial.

El espíritu de Lakabe consiste en no dar ninguna convención social por válida sin haberla cuestionado antes. Miran al mundo y observan —como el resto de los seres humanos de buena voluntad– que no funciona ejemplarmente. No hay razones fundadas, por lo tanto, para seguir sus enseñanzas y para cumplir sus mandamientos. La rebeldía no se propone en Lakabe como instinto devastador, sino como actitud racionalista. Como *espejo de príncipes* de otra clase.

Mis amigos del azufre nunca podrían vivir en Lakabe. Yo, que tal vez sea mejor que ellos porque al tocar las cosas con los dedos siguen siendo de madera, de plástico o de carne, como eran antes, tampoco podría. Estoy hecho de la misma materia que los sueños, pero tengo, por el paso de los años, una carcoma que la deslustra. Mis melindres son menguados y poco nobles: me gusta ducharme a la hora que yo quiera en un baño privado y confortable; me gusta poseer cosas que sean mías (libros, zapatos, fotografías); me gusta vivir con mi marido a solas, comer a solas, cenar a solas; me gusta poder lavar la ropa el día que quiera (aunque casi siempre la lave el mismo día); me gusta tener mi dinero y poder hacer gastos que no debo consultar con nadie; me gusta, en fin, tomar a veces decisiones arbitrarias e irresponsables sin rendir cuentas.

No se trata de elegir solamente el paisaje –la montaña del Pirineo o la Gran Vía de Madrid– y la ocupación diaria –pasear por el bosque o entrar en un cine–, sino de conocer las pústulas que se han ido creando con la vida y que a una determinada edad no pueden ya curarse. Las costumbres, las obsesiones y las manías que a medida que crecemos nos van volviendo, aunque intentemos evitarlo, menos libres. Siempre somos prisioneros de lo que hemos deseado con muchas ganas, de lo que poseímos alguna vez, de lo que nos hizo gozar. Y también de lo que nunca tuvimos y de lo que aborrecimos.

Pero no he ido a Lakabe para tomar en consideración mi ingreso, sino para comprobar que no es una leyenda mitológica la existencia de seres humanos que viven felizmente sin oro, sin coladas de agua caliente y sin cuartos de baño con pestillo.

En las salas de la casa comunal hay una mujer ya añosa que teje con un costurero al lado. Una chica recatada entra y sale haciendo tareas domésticas. Un hombre ya mayor, con ropas de campesino, cruza por delante. Dos niños travesean. No todos son jóvenes idealistas que sueñan con cambiar el mundo.

Los malos tiempos han transformado las migraciones. La gente no va ya a las ciudades: vuelve de ellas. Quienes han perdido su trabajo y su casa saben que en el campo hay comida. Huyen escarmentados de un tipo de comunidad social que les ha aniquilado. En Lakabe saben, sin embargo, que muchos de esos que llegan hasta allí escapando de las cenizas de su propia biografía no tendrán el temple necesario para soportar las condiciones de vida en la aldea. No basta con abominar algo para amar su contrario. Carlos me explica que son receptivos a que esas personas pasen allí una temporada, pero no pueden acogerlos a todos, y saben, además, que hacerlo sería un fracaso. Prefieren, como el proverbio que enseña a pescar en lugar de dar peces, ofrecer a todos esos desencantados herramientas con las que poner en pie nuevos proyectos hechos a su medida. En España hay, según me cuenta Carlos, más de quinientas personas que viven en pueblos ocupados, sobre todo en Navarra y Cataluña. Normalmente se asientan en tierras pobres que han sido abandonadas y que nadie reclama porque no son fértiles.

El sistema de convivencia resulta extraño no solo para quienes vienen de la ciudad. Yuma, Carmen, Antonio, Elma o Luz, que a lo largo de los años han pasado por experiencias vitales extraordinarias, se sentirían también extraños en Lakabe. En la casa en la que vive Carlos hay quince personas: dos familias, una madre con una niña y cinco individuos solteros. En otra de las casas reside, más convencionalmente, una sola familia. Y en otra más, una persona sola. Si alguien desea mudarse de una a otra casa, debe pedírselo a los moradores, que son quienes deciden si lo acogen o no. Se respeta siempre el principio de afinidad. Y cuando se produce un conflicto de cualquier tipo entre los vecinos, interviene la asamblea para solucionarlo, pero su objetivo no es imponer cómo deben hacerse las cosas, sino guiar a los pleiteadores en la resolución de sus diferencias. En alguna ocasión han tenido que expulsar a alguien de Lakabe, aunque en la mayoría de los casos son los propios individuos, aislados y sin vínculos dentro del pueblo, quienes deciden voluntariamente marcharse. Aquel lugar, áspero en invierno y benigno en verano, no es únicamente un espacio geográfico, sino un modo de vida. Por eso no basta con tener una cama para tumbarse allí: es preciso también que el corazón comprenda las razones que existen para hacerlo.

Sebastián Álvaro fue periodista hasta que un día descubrió un paisaje grandioso. Desde ese instante ha dedicado su vida a recorrer los lugares que hacen del mundo un lugar extraordinario, y ha ido dejando testimonio de ello. Durante veintisiete años dirigió el equipo de *Al filo de lo imposible*. Ha realizado más de doscientas expediciones a los rincones más hermosos del planeta. Ha escalado montañas, ha atravesado desiertos y ha cruzado glaciares. Guarda más de un millón de fotografías de esos momentos. Eligió cuarenta de ellas para hacer una exposición que se llamaba «El mundo en el fin del mundo». Y escribió, para presentarlas, un texto casi iniciático: «Hubo un tiempo en que todo el mundo fue así: salvaje, bello, desolado. El mundo de antes y después del hombre. "Desolado" siempre ha sido una palabra hermosa, que me evoca los paisajes que más me atraen: espacios ajenos a la domesticación y al control del hombre, lugares donde te sientes como si contemplases la Tierra por primera vez. Donde siempre estás de paso, donde eres diminuto y vulnerable, donde solo estar supone, muchas veces, arriesgar la vida. Todo en ellos es desmesurado: la luz, las distancias, la soledad, el silencio, el poder de los hielos, los mares y sus cielos, ya sea en forma de furiosas tormentas o de soles incandescentes, o la singularidad de los pocos seres humanos que han logrado adaptarse a vivir en alguno de ellos».

Los lugares de Sebastián Álvaro no son los que yo he pisado en busca de la niña del Amazonas. Él habla y fotografía las montañas del Karakorum, los volcanes de Islandia, los icebergs de la Antártida, los desiertos de Atacama o de Libia, los vientos de la Patagonia. Lugares en los que de la naturaleza llega la brutalidad, la magnificencia, el esplendor más luminoso. Lugares en los que hasta un impío podría llegar a creer que el planeta que pisamos es una obra de designio divino.

En la mayoría de esos parajes no vive nadie porque la vida es imposible. Están ahí solamente para ser admirados, para sobrecoger. Pinarnegrillo, San Miguel de Serrezuela, Los Ancares, Lakabe, El Engertal o la Fonsagrada no son tan sublimes, pero tienen ese rastro de lo que yo iba buscando y de lo que Sebastián Álvaro, en otra parte de su texto, expresa con exactitud: «Para mí es la belleza del mundo, el silencio, la soledad del mundo. Justo aquello que está amenazado y que necesitamos tanto como el aire que respiramos».

Un día, visitando con él la exposición de fotografías, le oí contar la historia del paisaje de una de ellas, en el Tíbet. Era una llanura rojiza detrás de la cual se alzaban, verticales, unas montañas también rojizas. Parecía un incendio bellísimo, una textura de llamas en las que resultaba placentero abrasarse. La imagen había sido tomada a mediados de los años noventa, y Sebastián, que había vuelto después, contaba que aquel lugar ya no existía porque los chinos estaban trazando una autopista justo en esa llanura.

No conocemos el mundo. Ni siquiera Sebastián Álvaro y quienes como él han hurgado en sus ángulos y sus madrigueras. Conocemos lo que va quedando de él. Los restos del naufragio.

Un día Jaime Azaola fue al Teatro Real de Madrid a ver la representación de una ópera. Entregó su entrada y pasó al vestíbulo, pero enseguida le detuvieron los vigilantes de seguridad porque llevaba en la mano una cesta de huevos frescos. Se la examinaron, sin saber aún si era un terrorista o un alborotador, y amablemente se la incautaron hasta el final de la función. Jaime, obediente, sin mostrar contrariedad, se la entregó. Disfrutó de la ópera y, al salir, recogió su cesta.

Jaime Azaola es una de esas personas que, sin estar locas, creen aún que ir al Teatro Real con una cesta de huevos frescos es un acto lógico. Una de esas personas que son capaces de contemplar la realidad con ojos premodernos y actuar en consecuencia. Hace muchos años que oí hablar de él —es hermano, en familia numerosa, de uno de mis amigos—, y cuando decidí recorrer el Amazonas me acordé enseguida de su historia. Aguardé sin embargo hasta el final para visitarle. Una bala en la recámara, una apuesta casi segura.

Jaime vive a las afueras de Galende, un municipio vecino a Puebla de Sanabria, en Zamora. Hasta su casa se puede llegar con coche, pero el último tramo del camino, de tierra sin apisonar, se embarra con la lluvia y pone en peligro la seguridad

160

del vehículo, de modo que en determinadas épocas del año es más seguro aparcar en una explanada que hay a varios centenares de metros y caminar entre los árboles, sosteniendo en la mano, si es de noche, una linterna que ilumine el rumbo.

Jaime sale a buscarme a Galende para que no me extravíe. Viene con su perro, que, suicida, corre al lado del coche ladrándole a las ruedas y acercando el hocico a ellas. Son las ocho de la tarde y ya no hay luz del sol, aunque la luna, casi llena, alumbra las sombras. No distingo con escrupulosidad la pintura del paisaje, pero entreveo su belleza: una arboleda alta y frondosa en los bordes del camino, un río que rumorea suavemente.

La casa está a oscuras. No tiene luz eléctrica ni agua corriente, no tiene saneamientos. Jaime vive allí desde hace dieciocho años con Chicca, su compañera. Llegaron a Galende después de buscar en muchos lugares —sobre todo en Portugal— sin éxito: encontraban casas que les gustaban pero que estaban rodeadas de otras casas o de entornos intrusivos, y ellos querían la soledad. Como a Elma, les agrada la inaccesibilidad, el aislamiento. Deseaban tener un fortín propio al que nadie pudiera llegar sin una voluntad expresa de hacerlo. Por eso prefieren que el camino que atravesamos para llegar a la casa desde el lugar en el que hemos aparcado el coche siga así, descompuesto, encharcado, dejado de la mano de Dios.

Viven en un conjunto de casas que fue abandonado hace unos sesenta años. Antes habitaba allí una familia entera que tenía incluso serradora, batán y molino. La casa que ocupan ahora Jaime y Chicca era el pajar. Cuando ellos llegaron, solo estaba a la venta ese edificio, de modo que consiguieron que les alquilaran el contiguo, más grande, mientras lo arreglaban. Poco a poco, a medida que los propietarios fueron vendiendo, se quedaron con la propiedad de todo el complejo. La primera de las casas, en la que vivieron al llegar allí, la tienen reservada para las visitas, aunque estas, por las condiciones de habitabilidad, no son excesivas. Solo Daniel, el sobrino de Jaime, acude regularmente a pasar allí unos días con su familia. El resto de los visitantes prefieren pernoctar en uno de los hoteles de los alrededores.

Jaime nació en Madrid y Chicca en Parma. Se conocieron en Guadalupe, Cáceres. Entre ellos hablan normalmente en italiano, que Jaime aprendió cuando estuvo trabajando en aquel país como restaurador. Había estudiado Historia del Arte y alguien descubrió que además era muy habilidoso con las manos. Empezó a restaurar algunas obras patrimoniales, y fue así como conoció en Parma al hermano de Chicca, que más tarde, andado el tiempo, le llamó para hacer otro trabajo en el Monasterio de Guadalupe. Chicca, que era socia de su hermano, también fue, y de ese modo se conocieron. Después volvieron a compartir otros encargos de restauración y por fin, enamorados, decidieron irse a vivir juntos. A Jaime, a pesar de estar perdido en aquel escondrijo de Galende, le llaman aún para hacer algunos trabajos de cantero y de restaurador en los confines del mundo, como Túnez o Armenia.

A Jaime y a Chicca les unen muchas cosas, como a casi todos los amantes, pero hay una especialmente singular: los dos confiesan sin avergonzarse que no les gusta trabajar y que la forma de vida que han elegido está avivada por esa condición. Si tuvieran cien millones de euros, dice Jaime, seguirían en Galende o en un lugar semejante, pero comprarían una casa en Roma y otra en Madrid y harían cosas que ahora no pueden hacer. No rechazan la ciudad, e incluso necesitan ir de vez en cuando a pasear por sus calles, a darse un baño de multitudes y a escuchar una ópera en el Teatro Real, ya que los dos son fanáticos melómanos. En esos momentos no les importa si el pastor les roba el prado o la cabra no ha parido: no son campesinos de alma.

Para sobrevivir trabajan lo imprescindible. A Chicca la han contratado desde hace unos meses en un Centro de Interpretación de Lago de Sanabria. Anteriormente desbrozaba fincas o realizaba cualquier encargo ocasional. Jaime, por su parte, trabaja de albañil, haciendo chapuzas para la gente del pueblo, pero solo durante las horas de la mañana: todos conocen sus condiciones y saben a lo que se atienen si le contratan.

La parte de la jornada que no dedican a trabajar para otros la dedican a las tareas domésticas. Cultivan una huerta grande para abastecerse de alimentos, pero en invierno, cuando la temperatura llega a menos quince grados centígrados, no pueden sembrar nada porque lo devora el hielo. Crían también animales: cabras, que están todo el año fuera y a las que únicamente hay que cortar la hierba cuando está crecida, gallinas y pollos. Hacen queso y yogur y fabrican su propio pan cada quince días, pues les resulta más cómodo —además de más barato— que ir hasta el pueblo para comprarlo. El vino lo compran a granel en Navarra: cuatrocientos litros al año que almacenan y van bebiendo. Antes también criaban cerdos y hacían la matanza, lo que les permitía tener siempre reservas de embutidos. Pero dejaron de hacerlo porque a Chicca le detectaron problemas de colesterol y no era capaz de soportar la tentación de ver las ristras de chorizos colgadas en la casa.

Cuando vivía en Navarra, donde pasó dieciocho años en una situación muy parecida a la actual, Jaime tenía una viña con la que preparaba vino, y, a pesar de los consejos de algunos, que alababan su pericia, nunca quiso convertirse en un industrial del ramo. Todo lo que ha cultivado y elaborado con productos naturales a lo largo de su vida lo ha hecho para su propio consumo o para regalar a los amigos, porque tiene la superstición —o el sentimiento— de que si lo comercializara dejaría de disfrutar trabajando en ello. Algunos conocidos han tratado de persuadirle también de que pida una subvención y transforme en casa rural uno de los edificios que Chicca y él tienen allí, en Galende, pero a él le escandaliza y le espeluzna esa idea. Asegura que prefiere venderse unas horas fuera de allí y malvivir con lo que obtenga antes que prostituir todas las cosas que le hacen feliz: la siembra, la soledad de su casa, la artesanía de sus quesos de cabra. Es una emoción espiritual que no puede explicarse: a menudo tienen excesos de cosecha en la huerta, pero no los venden, los regalan. Pierden dinero, lo dilapidan, pero a cambio hay algo en el nudo de su corazón que no se rompe nunca, un nervio que no se les embrida.

La navaja de Ockam: cuando oigo el retumbar de pezuñas, no pienso en unicornios, pienso en caballos. Cuando sentimos amargura tendemos a creer en oscuros fantasmas, en dolorosos fracasos o en la pavorosa condición humana, pero a menudo es solo consecuencia de las decisiones de nuestra vida diaria, de nuestros hábitos más vulgares. El dolor no lo causan los unicornios, sino los caballos.

Desde que tenía ocho o nueve años he sentido la necesidad de escribir, de transformar mi conciencia en caligrafía o en tipografía de imprenta. A los catorce años terminé mi primera novela. En el instituto escribí dos obras de teatro y un número indeterminado de poemas amorosos. Y desde entonces no he dejado nunca de garabatear ideas, historias y pasiones. No puedo decir que sienta una determinada felicidad haciéndolo, del mismo modo, creo, que no la siente el pez nadando: simplemente sé que debe ocurrir, que no existe otra forma de que la vida transcurra.

A principios de los años noventa, sin embargo, cuando se pusieron en marcha en España las televisiones privadas, un productor al que conocía me encargó que escribiera el guión del capítulo piloto de una serie que iba a llamarse *Puente aéreo* y que recogería historias cruzadas y circunstanciales del vuelo que une Madrid con Barcelona. El encargo me llenó de alegría.

Pensé que por fin podría convertir en algo rentable y productivo mi inclinación bohemia. Pero cuando me puse a la tarea, con entusiasmo, descubrí que nunca había hecho nada que me disgustara tanto. Sentí una aversión casi fisiológica por aquel trabajo. No encontraba el momento de sentarme a realizarlo, y en las divagaciones preliminares, que tan placenteras son en el oficio de escritor, no veía sentido ni satisfacción, sino solo tormento.

A partir de ese momento he tratado de huir de los encargos literarios, o al menos de aquellos que tienen una moldura rígida y unas condiciones inflexibles. Por eso, entre otras cosas, sería incapaz, como muchos otros escritores, de escribir un *best-seller*, aunque me lo propusiera y aunque las pericias del oficio quizá no me falten para ello. Cuando algún conocido me ha preguntado por qué no trataba de escribir una novela histórica que tuviera determinados ingredientes comerciales y un lenguaje más directo y simple, capaz de conectar con el gran público, he respondido siempre, como Jaime, que me parece una tarea fastidiosa y soporífera de la que no sacaría ningún provecho: para hacer dinero ya tengo un trabajo, una nómina, una oficina, una profesión; la literatura la dejo para mis obsesiones, para mis vísceras. Para enmendar con ella mi vida o para vivir otras vidas que no podré vivir.

Por todo ello siento una simpatía inmediata hacia Jaime y hacia Chicca. Saben que hay renuncias colosales. Abdicaciones que comportan la desdicha. Vender diez kilos de cebollas que te sobran no es un acto de eficiencia económica, sino un gesto de miseria. Se obtiene riqueza, pero se pierde para siempre —y soy consciente del énfasis— la dignidad.

La cena, a oscuras, consiste en un poco de cecina y un plato de judías verdes hervidas: judías verdes recogidas por ellos mismos, patata gallega y un chorro de aceite de oliva comprado a granel a un proveedor de confianza. Un manjar. La sala de ese antiguo pajar, a la que hemos llegado subiendo unas escaleras exteriores, tiene un gran aparador antiguo –en el que se guardan los platos, los vasos y los utensilios de cocina–, una mesa de comedor, otra escalera interior que conduce a la planta baja, donde tienen el almacén, y un espacio, a la derecha de la puerta, donde arde el fuego. En ese espacio, situado bajo el tiro de la chimenea, hay dos bancales largos pegados a las paredes, en esquinazo, y cubiertos de cojines. Es ahí donde nos sentamos a conversar en la sobremesa. Y es ahí donde Jaime y Chicca pasan las noches leyendo de enero a diciembre. «Aquí, cuando se va la luz del sol, no se puede hacer ya nada», dice Jaime. «Yo me tumbo a leer, que es una de las cosas que más me gusta en el mundo. Y luego, cuando llega el sueño, me acuesto.»

Les cuesta entender, como a mí, el curso de esas vidas apagadas y sin querencias que deambulan por el mundo con un espíritu mineral. Hay muchos vecinos de Galende que se fueron a vivir a Madrid en busca de fortuna. Ellos o sus hijos conservaron las casas familiares, y cuando llegan los fines de semana cogen el coche desde la capital y se van allí a pasar la fiesta. Pero no hacen nada. Se quedan dentro de la casa o salen al bar a ver el partido de fútbol en algarabía. A Jaime y a Chicca les produce extrañeza que no haya nada en la ciudad, tan pródiga en tentaciones de todo tipo, que les retenga. Les produce asombro que hagan esos viajes largos para malgastar los días entre cuatro paredes parecidas a las que tienen en Madrid. Les parece desconcertante que quienes tienen a su alcance todas esas cosas que ellos echan a veces tanto de menos –teatro, conciertos, exposiciones– las desprecien.

Cuando se hace fugazmente el silencio y solo se escucha el chisporroteo del fuego, la crepitación de la leña al arder, miro alrededor y tengo la certidumbre de que he llegado al final de mi viaje. El vino, que he ido bebiendo sin demasiada moderación desde el principio de la noche, interviene terapéuticamente en mis reflexiones, pero no hay impostación en ellas. Si acaso, literatura. «¿Cómo se llama el río que corre por detrás de la casa?», les pregunto a Jaime y Chicca; y por un instante pienso que van a responderme: «Amazonas». Sonrío de mi propio ingenio –como un borracho– sabiendo que no pueden verme el rostro, porque la luz del fuego ya está baja y solo quedan brasas que aún calientan.

He acabado el viaje pero no sé adónde he llegado. ¿Cómo es posible que una niña de una tribu indígena, perdida en mitad de la naturaleza, apartada de la comodidades más elementales y de la mayoría de los bienes de la civilización, pueda sentir alegría? Miro a Jaime y a Chicca, que ríen por algún requiebro de la conversación. Pero tampoco les veo el rostro.

En abril de 2011, en el acto de entrega del Premio Cervantes a Ana María Matute, la ministra de Cultura Ángeles González-Sinde habló en su discurso de los lugares perdidos: «En 1960 las aguas de un pantano anegaron Mansilla de la Sierra. Sus habitantes se trasladaron al nuevo pueblo de Mansilla, que tuvo que trepar a la ladera del monte para sobrevivir. Este pueblo nuevo de Mansilla tiene por lo tanto un frontón, un ayuntamiento, una iglesia, un bar, varias filas idénticas de casas blancas adosadas y muchas cuestas empinadas. A los pies de Mansilla, claro, está el embalse. Y bajo las aguas, sumergidas, las calles que pisaron Ana María Matute y sus hermanos en su niñez. La Matute, sus hermanos y otros muchos niños con peor o mejor suerte.

»Mansilla es un lugar al que solo se va si así se desea. Quiero con esto decir que Mansilla no está de paso. Se va expresamente. [...]

»Es singular, Mansilla. Está en el límite entre Burgos y La Rioja, y antes de llegar hay que atravesar parajes con bosques que parecen encantados. Si uno pasea en barca por el pantano, hay ocasiones en que cree ver las antiguas edificaciones todavía en pie bajo el espejo movedizo de las aguas. A mí me atrae el modo en que ese mundo sumergido parece estar y a la vez no estar ahí, y de pronto otra vez se vislumbra. Entonces, al mirar, nos marea un sentimiento de anhelo y pérdida por todo lo que se ha ido ya y de alguna manera por todo lo que se perderá en nuestras vidas. Como si el mundo inferior fuera el espejo y el mapa del superior.

»Se puede escribir sobre muchas cosas, naturalmente. Se puede escribir de lo visible. Del nuevo pueblo de Mansilla. De la presa. Y de las nuevas casas blancas, todas iguales. Y también se puede escribir de lo invisible. De lo que quedó sumergido bajo las aguas».

Cuando regreso de mi viaje, me entero por los periódicos de que un pueblo de Orense llamado Aceredo ha resurgido de entre las aguas. Hace veinte años quedó sumergido bajo el embalse de Lindoso. Como en Mansilla de la Sierra o como —por otras razones— en Ernes, los vecinos se vieron expulsados de su tierra. Las casas quedaron anegadas. Todo desapareció.

Ahora, a causa de la sequía, ha bajado mucho el nivel del agua y han vuelto a verse los tejados de las casas, las copas de los árboles secos, el borde superior de los cercados. El espectáculo es irreal. Un pueblo emergiendo en la superficie azul. La zona invisible retornando al mundo.

Las personas que habían vivido en Aceredo vieron de nuevo las casas que habían habitado. Recordaron la cuadrícula de las calles y las plazas. Sintieron todas esas emociones que durante muchos años les habían ido convirtiendo en seres humanos.

He conocido a muchos emigrantes que se fueron de su ciudad en busca de fortuna o siguiendo el amor de alguien. A veces se marcharon a la otra punta del planeta, a miles de kilómetros de donde habían nacido y vivido siempre. Incluso los más adustos de entre ellos tienen en alguna ocasión nostalgia. Se acuerdan de algún hecho insignificante de su vida, de un rincón al que iban a menudo, del color especial que tenía el cielo a una determinada hora del día. Huelen la magdalena mojada en té y les viene a la memoria el paisaje de Combray. Sienten entonces el deseo de regresar, aunque solo sea durante un instante, a ese lugar. Como yo mismo regresé a Pinarnegrillo o a San Miguel de Serrezuela, donde ni siquiera había pasado demasiado tiempo de mi infancia.

Los habitantes de Aceredo no pueden hacerlo. Se fueron de allí sabiendo que no volverían nunca. Que aunque vivieran cerca, a solo unos centenares de metros —como los de Mansilla de la Sierra, que se mudaron a un pueblo con el mismo nombre construido en alto—, no verían jamás las calles que habían pisado durante tanto tiempo.

Pero tal vez nuestros recuerdos son siempre eso: una quimera sumergida, una figuración de lugares y de gente que nunca volverán a mostrarse. Al pisar las calles de Pinarnegrillo tengo la sensación de que piso la superficie de un lago en cuyo fondo está el pueblecito que yo conocí cuando era niño. Y cuando regreso a Madrid, de vuelta de ese viaje en el que he buscado mujeres que lavan en el río y criaturas felices, no estoy muy seguro de si lo que quiero encontrar es una aldea luminosa o una aldea hundida bajo el agua.

Henry David Thoreau fue un naturalista y escritor estadounidense del siglo XIX que, entre otras obras de menor trascendencia, escribió *Walden*, donde relata la experiencia de su retiro. Thoreau se construyó una cabaña cerca del lago Walden y se retiró a vivir allí durante veintiséis meses, cultivando sus propios alimentos y tratando de demostrar, con su puritanismo espiritual, que la vida auténtica de un hombre no puede construirse a espaldas de la naturaleza. Thoreau se había criado en la civilización más flamante, pero sentía la necesidad de liberarse de las servidumbres de la sociedad moderna. «Se ha educado en Cambridge», dijo de él Nathaniel Hawthorne, «pero desde hace dos o tres años ha repudiado toda manera regular de ganarse la vida y parece inclinado a llevar una especie de vida india entre los hombres civilizados, una vida india en lo que respecta a la ausencia de todo esfuerzo sistemático por mantenerse.» Como los vecinos de Lakabe, como Jaime y Chicca, como todos aquellos que se apartan de la obligación de la riqueza.

El psicólogo Burrhus Frederic Skinner escribió en 1948 *Walden Dos*, una novela utópica en la que el autor imagina una sociedad perfecta de la que han sido erradicados, em-

171

pleando métodos de aprendizaje conductistas, los instintos primarios y nocivos del ser humano. Tal vez yo debería escribir *Walden Tres* para relatar cómo es capaz de vivir, en un lugar perdido y separado del mundo –en Riodeporcos, por ejemplo, o en esa aldea de Flor a la que no puede llegarse con un coche normal–, un escritor urbano que nunca se ha apartado del cemento, del bullicio de las multitudes, de los bares sofisticados o mundanos y de la vida social. No sé, sin embargo, si sería capaz de hacerlo. Thoreau da un consejo decisivo: «Si tenéis alguna empresa ante vosotros, tratad de hacerla con las ropas viejas. A los hombres les hace falta no algo *con lo que hacer*, sino algo *que hacer*, o mejor, algo *que ser*. Tal vez no deberíamos procurarnos un traje nuevo, por harapiento y sucio que esté el viejo, hasta no habernos conducido, empeñado o embarcado de tal modo que podamos sentirnos hombres nuevos en el viejo; conservarlo sería como echar vino nuevo en odres viejos. Nuestro periodo de muda, como el de las aves, debe ser una crisis en nuestra vida».

Paradójicamente, pues, no debo abandonar la ciudad mientras siga sintiendo la necesidad imperiosa de hacerlo. Solo cuando esté por fin a gusto en ella, sin prevenciones ni desesperanzas, podré marcharme en busca de ese nuevo Walden en el que vivir y en el que ir dando rienda suelta a todas las fantasías irracionales que me han perseguido siempre. Porque, como dice también Thoreau, «si habéis construido castillos en el aire, vuestra obra no tiene por qué perderse: están donde deben estar. Ahora hay que poner los cimientos debajo».

AGRADECIMIENTOS

Un libro de estas características está en buena medida escrito por los personajes que aparecen en él, que son personas de carne y hueso. El autor que lo firma –yo, en este caso– hace solo una tarea de intermediación literaria. Levanta acta poética de lo que le han contado. Su deber es, pues, devolver con gratitud el mérito a quien le pertenece, y aquí lo hago.

Pero ha habido muchas otras personas que me han auxiliado en la tramoya de *Donde el silencio* y a las que les debo, por tanto, otra gratitud más invisible.

Mis padres, que me han acompañado durante toda mi vida a los caminos a los que les he dejado acompañarme, me llevaron a revisitar mi infancia en los pueblos donde transcurrió fugazmente. Máximo y Máxima Adrados me abrieron las puertas de su casa y de sus recuerdos. Juan Daniel Hernando y Concha Pinto me condujeron a los vestigios rurales de Guadalajara. Julio Llamazares, con su generosidad ya casi legendaria, me encendió una de las mechas de este libro, poniéndome en contacto con el gran Miguel *Yuma*, que siguió encendiéndome mechas. María José Rubio me hizo su mapa de Lugo. Covadonga García-Toraño me dibujó el perfil del monte asturiano. Fernando Miralles y José Manuel Pérez Carrera pusieron pistas en el camino. Marta Sanz y Chema San José compartieron conmigo la ruta navarra. Edu Becerra y María Martín Cobo me contaron historias y se emborracharon conmigo. Y Juan Ramón Azaola me condujo hasta Puebla de Sanabria.

El manuscrito lo leyeron Miguel Munárriz, Palmira Márquez y Lola García, cada uno de los cuales puso sus granitos de arena —o sus peñascos— para mejorarlo.

Axier Uzkudun, por último, vivió a mi lado todo el silencio del que el libro habla. Suya es la mitad de ese silencio y la mitad también del bullicio en el que seguimos juntos.